為基督而活

正常的基督徒生活應該如何

A Life for Christ

What the Normal Christian Life Should Look Like

Dwight L. Moody

為基督而活

正常的基督徒生活應該如何

作者：慕迪（美）
譯者：呂平

ANEKO
PRESS

為基督而活 (*A Life for Christ*) – Dwight L. Moody

First edition published 1884

Scripture quotations are taken from the Chinese Union Version (Traditional).

譯者註：為讀者方便及文體完整起見，書中採用的
聖經經文出自和合本《聖經》(CUVT)。

Translator: Ping Lue

Aneko Press
www.anekopress.com
Aneko Press, Life Sentence Publishing, and our logos are trademarks of
Life Sentence Publishing, Inc.
203 E. Birch Street
P.O. Box 652
Abbotsford, WI 54405

RELIGION / Christian Living / Spiritual Growth

Paperback ISBN: 978-1-62245-900-1
eBook ISBN: 978-1-62245-901-8

10 9 8 7 6 5 4 3 2 1

Available where books are sold

目錄

第一章

挪開石頭

在《約翰福音》裡，我們讀到，在拉撒路的墳墓前，主對祂的門徒說，*你們把石頭挪開*（約 11：39）。可見，在讓拉撒路死裡復活之前，門徒們也要有參與。基督原本可以用一句話把石頭移開，輕而易舉地命令它滾到一邊。石頭會聽從祂的命令，就像死去的拉撒路，當祂叫他起死回生時那樣。但是，主要祂的孩子們學習這門功課：為了使靈性死去的人復活，他們也要參與事工。門徒們不僅要挪開石頭，而且，當基督使拉撒路復活之後，他們還要*解開，叫他走*（約 11：44）。

思考一下这个问题：有多少时候，神不是以某种方式来使用人，使人们皈依归正？神不需要我们就可以很容易地改变所有人，但这不是祂的救恩之道。

我要談的這塊石頭，是神在成就任何偉大的工作之前，必須要推開的。它就是那塊可憐、淺薄的偏見之石。很多人對複興抱有巨大的偏見。他們甚至討厭*復興*這個詞。我很遺憾地說，這種情感不只限於不敬虔的，或者是對救恩毫不在乎的人。事實上，有不少基督徒對複興這個詞和運動本身持有強烈的反感。

復興是什麼意思？簡單來說，即從朦朧中甦醒——將一些隱藏的寶貝發掘出來，使其重見光明。我們必須承認，我們生活在一個有需求的時代。我懷疑，世界上居然會有一個家庭，沒有一位需要拯救的親人，並盼望能看到他也進入神的羊圈。

由于当前的商业大萧条，人们极其渴望其复苏。同时，人们也为贸易复苏忧心；而在政治方面，我们正目睹一场伟大的复兴。你会发现，在生活的各个领域，人们对和他们休戚相关的事情，都冀望复兴。

如果這是合乎邏輯的話，那麼我必須問，神的每個孩子都應當祈禱、渴望敬虔在當今世界上復興，難道不完全合理？在誠實、真誠、正直和自製上，難道我們不需要復興？眼下，很多人與神和主的家疏遠了，頻頻光顧鄰近的酒吧。我們的孩子，不是成百上千的被酒吸引，結果，教堂裡空無一人，倒是酒品店裡，每週六下午和晚上，人頭攢動？我敢肯定，酒店老闆們很高興他們的生意正經歷一場復興。他們不反對銷售更多的威士忌和啤酒。那麼，按照同樣的思路，每個真正的基督徒都應該希望那些處於永遠滅亡危險中的人能得到拯救。

有些人似乎認為複興是現代發明，近年來才出現的；但復興其實並不是什麼新鮮事。若沒有關於復興的聖經權威，那我對聖經根本是一竅不通。

然而，在世界歷史的最初兩千年裡，就我們所知，人們沒有甦醒。如果有的話，世界就不會被洪水摧毀。在舊約裡，我們讀到的第一個真正的複興是摩西被派往埃及，將他的希伯來兄弟們帶出奴役之家。當摩西來到歌珊的時候，一定有很大的騷動，因為有許多不尋常的事情正在發生。在神手中所行的許多神蹟中，有三百萬希伯來人，按神的旨意將羔羊的血塗抹在門楣上而免遭擊殺。[1] 而這神蹟不過是神在他們中間的複興工作。

在約書亞的帶領下，希伯來人經歷了一次偉大的複興，然後，在士師的帶領下再次復興。在那古老的時代，神不斷地複興猶太民族。撒母耳把百姓帶到米斯巴，吩咐他們除掉外邦的神。然後，以色列人出去擊敗了非利士人。此後，在撒母耳時代，非利士人就再無回返。波納博士 [2]（Dr. Bonar）說，大衛和約拿單也許就是在撒母耳時代的複興中皈依了。

想一想以利亞的日子。除了偉大的複興，還能稱之為何呢？人們當時已經遠離神去拜偶像，先知把他們召集到迦密山。當民眾站在山上時，神以火回應。眾人見了，就俯伏在地，說：*"耶和華是神！耶和華是神！"*（王上 18：39）。那是整個民族轉向神的複興。即使是這樣的偉大復興，毫無疑問，還是有人反對，說它不會持續多久。今天許多人也是這麼嚷嚷，四千年來這樣的嚷嚷從來沒有斷過。在以利亞的時代，一些因循守舊的迦密人也許說："這不會是永久性的。"同樣，今天有許多人晃著聰明的腦袋，說復興不會持久，彷彿神的事工不過是一時的狂熱。

當我們來到新約時代，我們有施洗約翰帶領的奇妙復興的例子。除了主祂本人之外，還有誰在短短幾個月內完成了這麼多的事工？約翰所傳講的信息，如同漫長而沉悶的冬天過後，一股春天的氣息。四百年來，以色列民族沒有先知，黑暗籠罩

1 有关神所行的神迹，读圣经《出埃及记》七章至十二章。如无特别说明，均为译注。下同。

2 波納（Horiatis Bonar, 1808-1889）19世紀蘇格蘭牧師、詩人。

著整個民族。約翰的到來，如一顆璀璨的流星劃過夜空，預示著即將到來的一天。他沒有在聖殿或任何會堂裡，而是在約旦河岸傳道。男男女女和孩子們蜂擁而至，聽他宣講。在人口擁擠的城市，幾乎任何人都可以吸引到觀眾，但這是在曠野中，遠離人口密集的地方。毋庸置疑，這引起了極大的振奮。我猜想，當人們擁來聆聽約翰講道時，城鎮和村莊幾乎空無一人。

人們是如此害怕振奮。一八六七年我去英國時，應邀去德比賽馬場（Derby Racecourse）講道。我在那裡，僅一天之內看到的奮興場面，勝過我一生中參加過的所有宗教聚會。儘管如此，我在那裡沒有聽到有人抱怨激動的過分了。

前不久，我聽說，一位牧師參加舞會，通宵達旦直到早上五點以後。接下來的星期天，他講道反對複興的奮興——反對工作到深夜，等等。這種推理和實踐實在是自相矛盾。

此外，當你看看基督復活後的第一個五旬節，使徒們傳道，你知道當時的結果如何。我估計那個時代世俗的人說這一切都會消失。儘管司提反和雅各殉道，其他人奮起投入事工場地。正是在司提反被殺的地方，掃羅開始了這項事工，從那以後，這事工一直都在進行。

許多自稱是基督徒的人總是喜歡批評挑剔。他們對講道或唱聖詩歌百般挑剔。禱告不是太長就是太短，禱告聲要么太大要么太輕。他們喜歡在讀聖經時挑毛病，或者抱怨這不是聖經的該讀的部分。他們批評佈道家，說：“我不喜歡他的風格。”如果你有疑問我說得是否確實，就請在複興會或其他宗教聚會散會時，聽聽人們散去時的意見。

“你覺得這位傳道人怎麼樣？”某個人問。

“哦，我必須承認我很失望。我不喜歡他的做法。他的行為不謙和優雅。”

另一個人會找到不同的毛病。“他沒有邏輯性。我喜歡有邏輯性的。”

也許另有一人會抱怨，“他的宣講沒有足夠關於悔改的教義。”

如果一個傳道人沒有在每次講道中涵蓋所有的教義，人們就開始挑毛病。他們說，“悔改講得太多，沒有講福音”，或者，“全是恩典，沒有悔改”。“他就稱義說了很多，但對成聖卻隻字未提。”因此，若一位傳道人在佈道中沒有將聖經從頭到尾，從創世記到啟示錄，完整地蓋括，他們就會立即找出毛病來批評。

懷有這種心態的人也許會說，“此人根本沒有觸動我的心。”另一個人會說：“他是光有心，沒有頭腦。我喜歡講道的內容與我的智力吻合。”或者，“他過度強調單向的意願。沒有足夠地重視有揀選自由的教義。”或者，再次，“他的講道缺乏骨氣。沒有充分強調教義。”或者，“他不善言辭。”抱怨接二連三，沒完沒了。

你可以在自稱基督徒的人中找到數百個這樣的挑剔者，但所有這些批評，都不能引導一個人歸向基督。就我的佈道而言，我要是把它們撕成碎片來看，沒有一篇佈道是我自己覺得無可挑剔的。我覺得我遠不能代表耶穌基督。但我活得夠久，發現這個世界上沒有十全十美的東西。如果你打算等到一個完美的傳道人或十全十美的聚會，恐怕你要等到千禧年的到來。我們需要的是仰望耶穌，因此，讓我們停止吹毛求疵。當我聽到人們抱怨我講道的內容和風格時，我對他們說："來吧，你最好自己來作。站到這裡來，看看你能做什麼。"找毛病是那麼容易。它既用不著大腦也不需要用心。

幾年前，有位牧師，是某個小鎮上的小教堂的，突然變得垂頭喪氣，為自己的困擾終日煩惱；結果，他成了一個長期抱怨的人。他挑剔他的信徒同工，因為在他看來，他們沒有善待他。因一項特殊事奉的需要，有位牧師同僚被邀請協助他幾天。主日崇拜結束時，我們這位不開心的弟兄邀請那同僚到他家吃晚飯。當他們單獨處在客廳等候時，這位弟兄開始分享他的故事。"我的弟兄，你真不知道我的困境。最大的痛苦之一，是教會裡的信徒們對我非常不好。"那牧師同僚提出以下問題：

"他們有沒有往你臉上吐口水？"

"沒有。還沒有到這個程度。"

"他們打過你嗎？"

"沒有。"

"他們有沒有給你戴過荊棘冠冕？"

他無法回答最後一個問題。他低下頭，若有所思。那位牧師同僚接著說："你我的主都被這樣對待了，祂的門徒都逃跑了，把祂留在惡人的手中。然而，祂沒有開口抱怨。"

這次談話的效果非常好。兩位牧師一起低頭禱告，真誠地尋求跟隨耶穌基督的心意。在為期十天的複興聚會中，一直快快不樂的牧師發生了奇妙的變化。他和他的牧師朋友一起工作和祈禱，許多人被帶到基督面前。

幾週後，教會的一位執事寫信給來訪的牧師說："你最近的探訪，與我們牧師的談話，帶來了美好的效果。我們現在再也沒有聽到他抱怨，他更加虔誠熱心工作。"

對複興活動的另一項指控是：它們超乎常規。當然囉，這是毫無疑問的。但這並不意味它們是錯的。伊利達和米達就不屬公認能說預言的先知之內。*但有兩個人仍在營裡，一個名叫伊利達，一個名叫米達。他們本是在那些被錄的人中，卻沒有到會幕那裡去。靈停在他們身上，他們就在營裡說預言*（民 11：26）。約書亞要摩西訓斥他們。相反，摩西說，*惟願耶和華的百姓都受感說話！願耶和華把他的靈降在他們身上！*（民 11：29）。

以利亞和以利沙非門屬正統的先知，但他們在當時發揮了巨大的影響力。施洗約翰亦非遵循常規途徑。他是在曠野裡獲得神學訓練。耶穌基督自己更不符合公認的社會秩序。當腓力告訴拿但業他找到了彌賽亞時，拿但業對他說，*拿撒勒還能出什麼好的嗎？*（約 1：46）。

當我們閱讀過去幾個世紀的歷史時，我們發現神經常使用那些所謂不合常規、不按秩序或旁門左道的人。馬丁•路德[3]（Martin Luther） 在興起偉大的宗教改革之前，必須打破他那個時代的陳規慣例。如今，我們有大約六千萬人屬於路德教會。約翰•衛斯理 [4]（John Wesley）和喬治•懷特菲爾德[5]（George Whitefield） 的運作亦非循規蹈矩，然而，看看他們所成就的豐工偉績。

3　馬丁•路德（Martin Luther, 1483-1546），德國神學家、哲學家，宗教改革領袖。

4　約翰•衛斯理（John Wesley, 1703-1791），英國神學家，衛理宗的創始者。

5　喬治•懷特菲爾德（George Whitefield, 1714-1770），英國國教牧師，衛理宗的創始者之一。

神作工時，事工的完成往往在常規方法之外。在我看來，這是一件好事，因為很顯然，有些人無法通過常規渠道聯繫到——但是他們會來參加複興會議，這些聚會通常是特殊的。的確，我們有自己的教堂，但我們要努力接觸邊遠群眾，那些不願踏入教堂的人。這些人中的許多人會來參加複興聚會，這是因為這些聚會往往只舉行幾天而已。既然如此，如果他們真要來參加的話，就必須迅速做出決定。

其他人來參加複興聚會，純粹是出於好奇，或想知道發生了什麼事。通常是，在初次會議上，所傳講或唱的信息會在精神上觸動他們。如果他們來了，聽到了福音，很可能會成為真正的基督徒。有時你會聽到人們說，“*我們有我們的教會。如果人們不來找教會，那就任其呆在外面吧。*”但這不是主在地上行走時的精神。

當南北戰爭爆發時，我們只有一支很小的常備軍，因此，政府要求志願者入伍。幾十萬人挺身而出，加入正規軍的行列，每個人都有很多事情要做。這些志願者的訓練和演習遠不如經驗豐富的士兵，然而，非正規士兵和正規士兵都很有用。事實上，這些缺乏訓練的志願者中，許多人很快就成了精兵，為國家的命運做出巨大的貢獻。若要觸及到邊遠群眾，我們必須要有傳統和非傳統的途徑。

我記得，我曾聽說有一所主日學校的老師陷入了困境。一個年輕人被任命為校長，他想重新安排座位。一些年資高的成員說，這些座位在現在的位置上呆了這麼多年，不要輕易移動。今天，有很多這樣的精神風氣，在我看來，為了基督，如果某種方法不能成功地觸及人們，我們就應該放棄它，嘗試一些更有可能成功的計劃。如果人們不會來到"正常的恩典渠道",那就讓我們採取一些能夠達到並贏得他們的方法。

讓我們不要陷入尋找毛病的陷阱,因為事情沒有完全像過去那樣去做,或者,如我們認為應該做的那樣。我厭倦了那些不斷抱怨的人。讓我們不理會他們,勇往直前繼續做神交給我們的任務。

對複興的另一個非常嚴重的指控是"事工不會持久"。我曾說過,我敢肯定在五旬節那天,有很多人這麼說了。當司提反被石頭打死,雅各被斬首,最後所有的使徒都被處死時,毋庸置疑,同樣是那群懷疑者會稱五旬節是一個巨大的失敗。五旬節失敗了嗎?五旬節復興的果實,即便在我們這個時代,難道不是彰明較著嗎?彼得說:*"你們各人要悔改,奉耶穌基督的名受洗,叫你們的罪得赦,就必領受所賜的聖靈。因為這應許是給你們和你們的兒女,並一切在遠方的人,就是主我們神所召來的。"*(徒 2:38–39)

在世人的眼中,當施洗約翰被希律王下令斬首時,他的使命也許也被認為是失敗的。但在上天看來,這不是失敗。這位曠野先知的影響,當今教會仍能感受到。當基督掛在十字架上死了,世界認為基督的生命是失敗的,但在神的眼中卻恰恰相反。神將人的忿怒來成全祂的榮美。

我對那些牧師們,在神複興教會時反而宣講反對複興的,毫無同情心。今天,在基督教世界中,沒有一個教派不是從復興中湧現出來的。羅馬天主教和聖公會都聲稱他們的起源是使徒。假如是的話,那麼他們是源出於五旬節的複興。衛理公會是在約翰•衛斯理和喬治•懷特菲爾德的複興中興起的,而路德教會不是在路德時代席捲德國的大覺醒中產生的嗎？蘇格蘭不是因為約翰•諾克斯[6]（John Knox）的講道而復興嗎？貴格會出自何處，難道不是喬治•福克斯[7]（George Fox）領導的神的事工？儘管如此，人們非常擔心常規性的東西會受到干擾。讓我們祈求神興起許多人，在現今這個時代，能被祂使用振興祂的教會。我認為這是必須的。

有一次，我們去了一個地方，那裡的一位牧師發現他的教會反對他參加複興聚會。他被告知，如果他認同這場運動，他將會傷害一些會眾。他拿了教會的記錄，發現五分之四的教會成員是在不同的複興時期皈依歸正，其中包括主日學校的負責人、教會的所有工作人員，以及所有活躍的教會成員。牧師在接下來的星期天走進教堂，作了關於復興的講道，提醒會眾在該教會史上所發生的一切。你會發現，其實許多反對複興的人自己卻是在某次復興運動中悔改得救。

不久前，一位很有能力的牧師作了一場佈道反對復興運動。他不相信復興運動。他團隊的一些成員查閱了過去十二年的教會記錄，看看有多少人加入教會時以信仰告白宣誓。結果，這麼多年來，沒有一個人以信仰告白加入教會。難怪像這樣一個教會的牧師會宣講反對複興。

以我的經驗，那些在特殊的屬靈狀況下歸正的人，比那些在平時被帶進教會的人，更能成為堅強的基督徒。初信的皈依者之間會相互扶持，當有很多人一起成長時，他們的基督徒生命就會有一個更好的開端。

6 約翰•諾克斯（John Knox, 1514-1572），蘇格蘭基督教加爾文派牧師，宗教改革領袖。

7 喬治•福克斯（George Fox, 1624-1691），貴格會的創始人。

人們說皈依者不會恆守信心。即使在耶穌基督的傳道下，也不是每個人都能堅持到底。*他門徒中多有退去的，不再與他同行*（約 6：66）。保羅為這樣一個事實悲痛萬分：有些門徒行事做人如同基督十字架的敵人。

主在《馬太福音》十三章的奇妙比喻中，揭示了各種聽道的人：如撒種般，有的落在石頭地，有的落在荊棘中，也有的則落在好土裡。直到時間的盡頭，這樣的人都將存在。我家有一棵果樹，每年都開很多花，如果每朵花都結出蘋果，樹就會被壓垮了。但我估計，大約有十分之九的花朵會脫落，儘管如此，我還是有很多的蘋果。

很多皈依的基督徒墮落了。有的時侯，當初表現出最有希望的人，結果最終成了最糟糕的，而那些起初沒有表現出很大潛力的人，最終卻是最棒的。神必定預備土壤，祂必定賜給增長。*那些在路旁的，就是人聽了道，然後魔鬼來，從他們心裡把道奪去，恐怕他們信了得救。那些在磐石上的，就是人聽道，歡喜領受，但心中沒有根，不過暫時相信，及至遇見試煉就退後了。那落在荊棘裡的，就是人聽了道，走開以後，被今生的思慮、錢財、宴樂擠住了，便結不出成熟的子粒來。那落在好土裡的，就是人聽了道，持守在誠實、善良的心裡，並且忍耐著結實。*（路 8：12–15）

我經常說，如果我必須給人定罪，那我早就放棄了這份工作。定罪是聖靈的工作。我們參與的是散播神的道的好種子，期待神祝福它來拯救人類的靈魂。

當然，我們不能指望那些堅持反對複興的人有太多幫助。我相信，許多初信門徒的信心會被那些指責復興運動的人所挫敗。如果歸信的人沒有繼續行在基督裡，並不總是他們自己的錯。

前段時間，我在某個城市傳道，一位牧師對我說："我希望這項事工不會像五年前這裡的複興運動那樣。當時，我有一百個皈依者加入教會，今天，除了一兩個之外，我不知道那些人在哪裡。"多麼令人沮喪。

我向同城的另一位牧師提起這件事，並說，如果這項事工的成果不能持久，那我寧願放棄我的聖工，回到世俗的工作。他說："我同時也接納了一百個皈依者，但我在一百人中，親自扶持了九十八人。五年來，我一直守望著他們，只有兩個人失落了。"然後他問我，他的兄弟牧師有沒有告訴我，那些初信的皈依者在加入他的教會之後發生了什麼。原來，他們中的一些人認為應該有一個更好的教會，這些人之間就產生了分歧。結果，幾乎所有的成員都離開了教會。假如有人能全身心地投入這項事工，這些初信者就會得到足夠的鼓勵。

有些人很輕易地反對這樣的事工，但我們發現，這些人不僅自己不為主做任何事，而且對他們所批評的事工一無所知。很顯然，如果我們不親自深入細緻地去熟悉一項事工，那麼指責它是極不公平的。如果這些人不是光坐在看台上觀看、評頭品足，而是和人們打成一片，和他們交談靈魂的需要，很快就會親眼看到這項事工的真實情況。

我聽說有一個人從印度回來。有一天，此人和一些朋友出去吃飯，飯間有人問他有關宣教的事情。他說，他在印度的那段時間裡，從來沒有遇到過一個當地的皈依者。和他同坐的一名傳教士沒有直接回應這一說法，而是悄悄地問這位英國人是否在印度看到過老虎。那人搓著雙手，彷彿回憶起往事帶給他很大的樂趣。他說："老虎！是的，我看到了。我還射中過很多老虎。"

傳教士說:“我在印度呆了很多年,從來沒有見過一隻老虎。”事實是,一個一直在尋找皈依者,另一個在尋找老虎,他們都找到了自己要尋找的東西。

如果我們要尋找皈依者,我們定會找到他們。這是毋庸置疑的。但實況是,在大多數情況下,以個人接觸或經驗而言,那些反對複興的人對皈依者一無所知。你以為,新的歸正者會到你家敲門,告訴你他們已經皈依了嗎?如果你想了解正在發生的事情的真相,你就必須到他們家中去和他們交談。

我希望讀這本書的人不會害怕諮詢室。它只是一個工具,一個回答問題的地方,是幫助引導前來諮詢的人歸向基督。在我工作過的某個地方,我發現很多人討厭“諮詢室”這個名字,但不管你怎麼稱呼它,我認為這是一個完全可以接受的東西。當一個男孩子在學校無法解決代數問題時,他會向精通代數的人求助。就我們而言,我們談的是有關永生這個重大問題,是我們每個人都必須解決的問題。如果行的話,為什麼我們不請那些比我們更有經驗的人來幫助我們呢?如果我們有什麼不能克服的困難,去到別人那裡,也許會找到一些敬虔的男女——他們在二十年前曾經歷過同樣的困難,而且很樂意幫助我們。他們將能夠告訴我們,他們是如何戰勝這些困難的。因此,不要害怕讓他們來幫助你。

我相信,對於每一個屬靈方面的疑難,在神的話語中都有應許來解決。但是,如果你把自己的感受和煩惱都鎖起來,你怎麼能得到幫助呢?我可以站著向你傳道三十天,而未曾涉及到你的特殊困難。然而,二十分鐘的私聊,就能打消你所有的疑惑和煩惱。

我最近見到一位女士，九年前我們在倫敦南部時曾同在諮詢室工作。她告訴我，她有一份清單，上面列了三十五名她認為真正悔改的人。她堅持給他們寫信，並在聖誕節送他們一些小禮物，據她所知，這三十五人中沒有一個人偏離了信仰。這些年來，她把自己的生命和他們的生命聯接在一起，她已經成為他們的祝福。

如果我們有一千個這樣的人，靠著神的幫助，我們定會看到神蹟奇事。沒有人是不能被觸及到的，無論人們多麼無望、羞恥。我們必須走出自己的舒適區才能接觸到他們。許多基督徒渾渾噩噩，我們要喚醒他們，使他們對那些生活在放蕩不羈和罪惡中的人產生個人興趣。讓我們拋開所有的偏見。如果神在做工，那麼，工作是否以我們所希望看到的方式來完成，或者以我們過去的方式來完成，都無關緊要。

讓我們一起向神呼喊，祈求祂在我們中間振興祂的工作。讓振興的工作從我們這些基督徒開始。讓我們消除所有來自我們自己的障礙。然後，靠著聖靈的幫助，我們就能將福音傳給那些不去教會的人，許多人將被帶進神的國度。

第二章

愛，服事之動機和動力

讓我提醒你注意保羅寫給哥林多人的第一封信的第十三章（《哥林多前書》十三章 – 譯者）。當我們閱讀這段經文時，讓我們用愛這個詞來代替原來的慈善這個詞。*我若能說萬人的方言，並天使的話語，卻沒有愛，我卻成了鳴的鑼，響的鈸一般。我若有先知講道之能，也明白各樣的奧秘，各樣的知識，而且有全備的信，叫我能夠移山，卻沒有愛，我就算不得什麼。我若將所有的周濟窮人，又捨己身叫人焚燒，卻沒有愛，仍然與我無益*（林前 13：1–3）。

能成為像但以理、以賽亞、以利亞或以利沙這樣的先知真是太偉大了，但在這裡，我們被告知，充滿愛要遠比滿有能說預言的靈智更偉大。伯大尼的馬利亞，充滿了大愛，她比這些偉大的先知擁有更高的地位。

> *愛是恆久忍耐，又有恩慈；愛是不嫉妒；愛是不自誇，不張狂，不做害羞的事，不求自己的益處，不輕易發怒，不計算人的惡，不喜歡不義，只喜歡真理；凡事包容，凡事相信，凡事盼望，凡事忍耐。*

> 愛是永不止息，先知講道之能終必歸於無有；說方言之能終必停止；知識也終必歸於無有。我們現在所知道的有限，先知所講的也有限，等那完全的來到，這有限的必歸於無有了。我作孩子的時候，話語像孩子，心思像孩子，意念像孩子；既成了人，就把孩子的事丟棄了。我們如今彷彿對著鏡子觀看，模糊不清，到那時，就有面對面了。我如今知道的有限，到那時就會知道，如同主知道我一樣。如今常存的有信、有望、有愛，這三樣；其中最大的是愛（林前 13：4-13）。

撒旦已经进入了保罗在哥林多建立的教会，导致门徒之间的内斗。一人说，"我是属阿波罗的"；另一人说，"我是属矶法的"；又有人说，"我是属保罗的。"保罗看到神亲爱的子民之间这种有偏见的冲突和爱的缺乏会给教会带来灾难，所以他写了这封信。

我常說，如果每一個真信徒都能融入這一章，以其精神生活十二個月，那麼，教會的人數就會在這段時間內翻一番。神事工的最大障礙之一，就是主耶穌基督的門徒之間缺乏愛。

我們若愛一個人，就不會一天到晚指出他的失敗之處。有言道：

關於口才的好壞，規則頗多，但奇怪的是，首要的也是最重要的原則之一卻被忽視了，那就是愛。唯有出於愛，才能恰當地解答聽眾之需。無論他們為何人，罪疚沉重，冷漠無情，忘恩負義，深陷罪中難以自拔，重中之重就是必須愛他們。愛，是福音之精髓，活潑有效講道之奧秘，雄辭閎辯之力。佈道的目的是使人心重新歸向神，唯獨愛才能神奇地進入人心。如果你對人類毫無熱切的愛和深深的憐憫，可以確定，你將不會獲得基督徒口才的恩賜。你不會贏得靈魂，你也不會獲得地球上最偉大的主權——對人的心靈的主權。阿拉伯諺語是這樣說的——“刀劍使人伏首，惟心為心所伏”。愛是無法抗拒的。[8]

再來看這句話：*【愛】是恆久忍耐，又有恩慈；【愛】是不嫉妒*。很多時候，如果某人更勝一籌，我們就會在心裡嫉妒那個人。我們需要極大的恩典來控制這種情慾。*【愛】是不自誇，不張狂*。基督徒必須對抗的最大敵人之一就是這種內鬥精神——這種“誰將為大？”的思想。*門徒中間起來議論，誰將為大*（路 9：46）。

幾年前，我讀了一本書，受益匪淺。書名是《十二門徒的訓練》（*The Training of Twelve*）。作者談到，在基督開展父神的事工的三年中，大部分時間，祂都在訓練十二門徒。祂給門徒的訓練與現今學校的訓練截然不同。世界教導人們必須追求成為偉人。基督教導祂的門徒，他們必須在對待榮譽上作小，必須看別人比自己強，不可張狂自大。他們也不可有窩藏嫉妒的心，倒要有一顆滿懷柔順、溫柔和卑微的心。

當一位著名畫家被要求畫亞歷山大大帝（Alexander the Great）的完美肖像時，他發現這要求很難完成。在戰爭中，亞歷山大被一把劍擊中，在他的前額留下了一道巨大的傷疤。畫家自言自語，“我若留此傷疤，則得罪君臣，若不留，則不成正像。我該怎麼辦？”他靈感突發，想到一個歡喜、務實的解決

8　原註：講道評論，第二十集，101頁（*The Homiletic Review, Volume 20, Page 101*）。

方案。他畫了皇帝靠在他的肘部，似乎不經意地把食指放在額前，遮住了額上的傷疤。難道我們彼此之間不能將愛的手指遮在傷疤上，而不是揭人傷疤，甚至比實際更深更黑嗎？甚至從不信的世界，基督徒可以學到一門仁慈的功課——人性的善良和慈愛。

這種爭誰為大的精神，在歷史的不同時期，幾乎毀掉了教會。如果教會不是神聖的，它早就分崩離析了。今天，由於這種野心和自我追求的悲慘精神，幾乎所有的改革運動都曾面臨挫敗和破壞的危險。願神賜給我們力量，使我們能夠超越這一點，拋棄我們的自負和驕傲，接受基督為我們的導師，這樣，祂能向我們展示以什麼樣的精神來完成祂的事工。

基督在世一生中最可悲的事情之一，就是在祂的門徒中，這種驕傲精神的存在和作祟，甚至在祂與他們交通的最後幾個小時中，就在祂被帶走釘十字架之前。在路加福音二十二章21–27 節中，我們讀到：*看哪！那賣我之人的手與我一同在桌子上。人子固然要照所預定的去世，但賣人子的人有禍了！他們就彼此對問，是哪一個要做這事。門徒起來爭論，他們中間哪一個可算為大。耶穌說："外邦人有君王為主治理他們，那掌權管他們的稱為恩主。但你們不可這樣。你們裡頭為大的，倒要像年幼的；為首領的，倒就像服侍人的。是誰為大？是坐席的呢？是服侍人的呢？不是坐席的大嗎？然而，我在你們中間如同服侍人的。*

就在那時，那令人難忘的夜晚，當耶穌設立了最後的晚餐，在門徒吃了逾越節羔羊的肉之後，救主正走向十字架的路上——即使在那裡，"誰將是最大"的心思意念在門徒中間興起作祟。

有一動人的傳說，和所羅門聖殿的建造地點有關，講的是一對兄弟的故事。這倆兄弟曾一度是這塊地的地主。兄弟中有一個已成家；另一個尚沒有。他們在這塊地上播種了一片麥田。小麥收割後，麥穗被堆成麥堆，按勞分配。那天晚上，哥哥對妻子說："我那小弟怕擔不起一整天的重擔和炎熱；我得起來，在他不知情的情況下，把我的一些麥堆放在他那邊。"弟弟，出於同樣的善意，自言自語道："我那哥有家，我單身。我得起來，把我的麥堆放在他那邊。"

可以想像，隔天清晨，當他們發現各自的麥堆沒有減少時，一定是萬分驚奇。這樣的事連續發生了幾個晚上，直到兄弟倆各自決心起來解開這個謎。隔天晚上，他們同時起來，結果在中途相遇，各自抱著一大捆的麥穗！就是在這塊以如此的聯合成聖的土地上，所羅門聖殿被建造——宏大雄偉——令世人驚嘆欽佩。可悲的是，如今有多少人，光想著偷走兄弟的全部穀物，不願獻出一小捆？

我們若想有智慧地得到靈魂，成為主使用的器皿，就必須擯棄那遭詛咒的、自私自利的心態。這就是保羅寫給哥林多人的第一封書信第十三章的目的。他告訴他們，一個人可能充滿信心和熱心，甚至可能非常善良，但如果他沒有愛，他就像鳴的鑼、響的鈸。我認為，許多傳道人若繼續那不充滿愛的講道，週日復週日，倒不如上講台吹喇叭。一個人可以傳講真理。他可以在教義上完全正確，但他心中若對他所傳講的人沒有愛，他只是作為一種職業來講道，使徒保羅說他只是在敲鑼。

我們需要的並不是更多的工作，而是更好的動機。我們中的許多人做了很多工作，但我們必須記住，神看的是動機。地球上，唯一能結出令神喜悅的果子的樹，是愛之樹。

保羅寫信給提多時說:“*但你所講的,總要合乎那純正的道理,勸老年人要有節制、端莊、自守、在信心、愛心、忍耐上都要純全無疵。*”(多 2: 1–2)如果講道不是帶著愛心和耐心,無論它的教義多麼純正,又有何用呢?沒有愛的精神,我們的祈禱有何價值?

人們問:“為什麼沒有祝福?我們牧師的講道和祈禱非常好呀。”很有可能的是,你會發現,這是因為整件事都是當作專業工作來完成的。言語像陽光下的冰柱一樣,雖然閃閃發光,然而冰冷刺骨。言語中沒有愛的火花。如果是這樣的話,力量就非常微薄。你可以有你的禱告會,讚美會,信心會,和盼望會;你可以高談所有這些事情,但如果沒有愛與它們揉合,神說你就像響亮的鑼,叮噹的鈸。

某人可以是一個傑出的醫生,但卻對他的病人沒有愛。他可以是一個非常聰明和成功的律師,卻對他的客戶沒有愛。一個商人可以對他的顧客漠不關心,仍在生意上大獲成功。一個人無需任何愛,仍然可以有能力解釋科學或神學的奇妙奧秘。然而,沒有愛,無人能成為神真正的工人,也不能成為靈魂的成功贏家。他可以成為世人眼中偉大的傳教士,聽眾蜂擁而至,但如果沒有愛神、愛靈魂的動力,其影響不過如朝云初露,片刻消失。

據說,當雅典人聽狄摩西尼[9](Demosthenes)演講時,他們真得很激動,覺得必須去和馬其頓的菲利普[10](Philip of Macedon)戰鬥。在那同一天,也許另一個演說家也以他的

9 狄摩西尼(Demosthenes, 384-322 BC),古希臘演說家。

10 馬其頓的菲利普即腓力二世(Philip II of Macedon, 382-336 BC),馬其頓國王。

口才使眾人激動萬分，但是，當他的演說結束後，所有的感染氣氛都消失了。他的演說不過是一番佳詞美言而已。

一個人可以頗具口才，語言很流暢——他可以用他的感染力影響眾多的人，然而，他若沒有以愛心說話，說的話都是徒勞的。是狄摩西尼對祖國的酷愛使他萬分激動，然後，他的愛又激勵了人民。

當我們達到更高層次的愛時，我們為主作工就不難了。我們將很樂意作任何事情，無論事情有多麼渺小。神憎惡無數不是以愛為動力的大事，但祂喜悅由愛引發的小事。以愛的精神給門徒的一杯涼水，在神的眼中，遠比出於野心和虛榮而奪取一個王國更有價值。

我厭倦了聽到**責任**這個詞。你聽到有那麼多的人在談論做這做那是他們的責任。我的經驗是，這樣的基督徒很少有成功的。難道沒有比單純的職責更高的平台嗎？難道我們不能因為愛祂而參與基督的服事嗎？當愛成為驅動的力量時，做這項工作就很容易了。對一位母親來說，照顧生病的孩子並不艱難。她不認為這是一種艱難。你從來沒有聽過保羅談起為主服事是如此的艱難。他因對基督的愛和基督對他的愛而驅動。為蒙福的主作工，他認為勞苦，甚至受難都是一種喜樂。*當你們落在百般試煉中，都要以為大喜樂*（雅 1：2）。

也許你正在想我不應該反對責任，因為若不是出於責任感，大量的工作根本就不會完成。但我要你意識到這動機是多麼狹隘、可悲，以及你如何能達到更高的服侍水平。

我正在考慮盡快回到我的家。我的腦海裡，浮現出我那白髮蒼蒼的老母親，住在康涅狄格河（Connecticut River）岸邊的一個小鎮上。她在那裡生活了八十年。假設我回去時帶了一些禮物給她，當我把禮物遞給她時，我說："你一直對我非常好，我想到這是我的責任，帶給你一點禮物。"她會怎麼想？真正的問題是，如果我告訴她，這些禮物是出於我對她強烈的愛，那結果將有什麼不同？她會如何更看重這禮物？神也希望祂的孩子們為祂服事，而不是僅僅出於責任。祂不冀望我們覺得遵行祂的旨意是出於責任，很困難。

舉一支被迫而戰的軍隊為例。士兵們不會獲得多少勝利。但是，當他們對自己的國家和對他們的指揮官充滿愛時，情況就迥然不同。然後，沒有什麼可以阻擋他們。你若沒有被愛驅動，不要以為你能為基督做任何工作並冀望成功。

拿破崙企圖以武力建立一個王國。亞歷山大大帝、凱撒和其他偉大的鬥士亦如此，但他們最終都失敗了。耶穌在愛上建立了祂的國度，它將昂然挺立。當我們達到耶穌之愛的高度時，所有私心雜念都將消失，我們的事工將如真金般經得起神聖火的考驗。

我要你記住的另一件事是，愛從不尋求得到回報。在《馬太福音》中，我們讀到一個比喻，講的是有個人出去到市上僱工，派去他的葡萄園幹活。清晨，他雇了一些人派去幹活。當天晚些時候，他發現市上還有人閒站著。他也就雇了他們派出去。碰巧的是，最後派去幹活的人沒幹多久就回來了。那些清晨出門的人，以為比那在日落前去幹活的人，理應得到更多的報酬。當他們得知各人得到同樣工錢時，就開始嘀咕、抱怨。那善人的回答是什麼？他回答了其中一個說，*朋友，我不虧負你；你與我講定的不是一錢銀子嗎？拿你的走罷！我給那後來的和*

給你的一樣，這是我願意的。我的東西難道不可隨我的意思用麼？因為我作好人，你就紅了眼麼？這樣，那在後的，將要在前；在前的，將要在後了（太 20：13-16）。

我普遍地發現，那些整天琢磨著能從主那裡得到多少報酬的人，永遠不會感到滿足。然而，愛則盡其所能，不討價還價——從不期望得到回報。讓我們切勿與主討價還價，但要隨時準備好出去，作祂僱用我們作的任何事工。

我敢肯定，我們若走出去，對將要接觸的人懷著愛心，每一個障礙都將被掃除。愛會產生愛，就如仇恨會促成仇恨一樣。愛是開啟人心的鑰匙。有人曾說："光為心神，愛為心靈。"當你能觸及人們的心靈時，你就能使他們轉向基督。但首先我們必須贏得他們。

你也許聽說過那個住在樹林附近的男孩的故事。有一天，他在樹林裡，以為他聽到了附近有另一個男孩子的聲音。他喊道："你好！"那個聲音回了過來："你好！"他不知道那是自己的回音，就又吼道："你是個壞小子！"喊聲再一次回來，"你是個壞小子！"吼了幾次以後，他走進屋子，告訴母親樹林裡有個壞男孩。

他的母親明白髮生了什麼事，對他說："哦，不要這樣！對他說好聽一點的話，看他是不是還對你說不好聽的。"他又走到樹林裡，喊道："你好！""你好呀！"答復來了。"你是個好孩子。"當然囉，回音來了，"你是個好孩子。""我愛你。""我愛你，"那個聲音說。

你對此微微一笑，但這小小的故事解釋了整件事情的奧秘。你們中的一些人可能會覺得自己的鄰居很壞、令人討厭。如果真是這樣，那麼問題很可能出在你身上。若你愛你的鄰居，他們就會愛你。正如我之前所說，愛是開啟每個人心的鑰匙。在這片土地上，沒有一個男人或女人是如此卑劣，如此墮落，以至於你無法用愛、溫柔和良善來觸動他們——也許需要數年時間，但一定可以實現。

愛必須是積極主動的。正如有人所說，“一個人可以囤積他的錢。他可以把自己的才華埋在餐巾紙裡，但有一樣東西他不能囤積——愛。”你不能把愛埋藏起來。它必須從我們心裡流出。它不能自愛自戀。愛必定有一個對象。

幾年前，我讀到，正當南方的一個城市流行黃熱病時，有個家庭剛搬到一個陌生的社區。結果，父親染上黃熱病死了。死的人如此之多，政府當局都只能給死人草草下葬，連個像樣的葬禮都沒有。棺車開過窮人居住的街道，屍體被運走埋葬。

這家人的鄰居都很害怕。因為怕感染，沒有人敢去探訪這家人。沒過多久，母親也染上了。臨死前，她把兒子叫到她面前說：“我很快就要走了，但當我死後，耶穌會來照顧你。”她在世上沒有人可以將他託付。不久，她也離世了，人們把她的屍體抬到了墓地。她那年幼的兒子跟著屍體來到墓地。他看到他們把她埋在哪裡，然後，就回到家裡。

他覺得異常孤獨。天黑了，他害怕起來，不敢呆在屋子裡。他出去坐在台階上，哭了起來。最後，他回到墓地，找到埋葬母親的地方躺下，哭著哭著就睡著了。

次日清晨，一個路過的陌生人發現他還在墳上哭。“你在這裡做什麼，我的孩子？”

“我在等待救主。”

那人問他何意，男孩子就把來龍去脈，和他母親對他說的話，告訴那人。這番話觸動了陌生人的心，他說："我的孩子，是耶穌派我來照顧你。"

男孩子抬起頭，說："我盼你來已經好久了。"

我們若有主的愛，你難道告訴我，這些邊遠群眾就不能被觸及到？沒有一個酒鬼不能被觸動。沒有一個可憐的墮落者，一個褻瀆神靈的人，或者一個無神論者，能永遠不會領受愛的影響。無神論者無法抗拒愛的力量。愛勝過一切，能迅速地將無神論和一切錯誤的系統擊潰。沒有什麼能比基督的愛更快地擊碎頑固的心。

好些年前，我曾寄住在某人家裡。那裡還住著一個男孩，那家人待他像自家人一樣，但他的名字卻和家裡其他人不一樣。一天晚上，我請女主人解釋這件事。我說："我注意到你待他就像對待自己的孩子一樣，但他不是你的孩子。"

"哦，"她說，"他不是我的孩子，但我確實把他當成自己的孩子。"

她接著告訴我，孩子的父母是在印度的美國傳教士。這對傳教士夫婦有五個孩子。因孩子們無法在那裡得到良好的教育，結果只好送回美國來讀書。儘管父親和母親在印度得到了神的祝福，但覺得不能放棄自己的孩子。結果，他們選擇離開在國外的傳教工作，回到美國。

然而，回到美國後，他們並沒有像在印度那樣得到祝福。印度的當地人也寫信請求他們返回。過了一段時間，回印度的呼召太強烈了，他們決定父親必須回去。母親對他說："我不能讓你獨自一個人去。我必須和你一起去。"

“可是，你怎麼能丟下孩子呢？”他問，“你可從來沒有和他們分開過。”

她說：“為了基督，我能做到。”感謝神賜下這樣的愛。

當得知這對父母決定把孩子們寄託在良善人家中時，我住的這家的女主人就自薦給那母親，說如果她把其中一個孩子留給她，她會將孩子當成自己的孩子。那母親帶著男孩子，在這家裡住了一個星期，看著一切都好。最後一個早晨來到了。當馬車來到門口時，母親說：“我不能流著眼淚離開我的孩子。我不忍讓他認為，神要我做的事使我傷心流淚。”

我的女主人朋友目睹這場巨大的內心掙扎，因為，她聽到那母親在隔壁房間裡哭泣。母親哭著說：“神啊，此時此刻，求你賜給我力量。現在就幫助我。”當她下樓時，臉上帶著美麗的笑容。她把兒子抱在懷裡，吻了吻他，然後，沒有一滴眼淚就離開了他。她離開她所有的孩子，回到印度為基督工作。可惜不久之後，她就離開了印度的海岸，和在天堂的主在一起。當一個軟弱的女人，有著深愛基督的動力時，就能夠如此行出來。過了一陣子，那可愛的男孩子也去世了，和母親在一起。

幾年前，我在某個城市傳道時，發現有個年輕人非常積極地將閒蕩街頭的男孩子們帶到教會來聚會。如果城裡有什麼疑難案件，他肯定會在那裡幫忙。你會看到，他經常在諮詢室裡，身邊圍著一大群的人。我對這個年輕人產生了濃厚的興趣，便和他越來越接近。結果，我得知他是那同一位傑出傳教士的另一個兒子。我得知，這對夫婦所有的兒子都在接受培訓，裝備出去做國外的傳教士，繼承那已獲得獎賞的父母的大業。整件事給我留下瞭如此深刻的印象，使我無法抹去。如今，這些男孩子都已經出去，在不信的異教徒中，傳講基督和祂的愛的故事。

我深信：當這些拒絕救主的鐵石心腸的人徹底地甦醒過來，意識到愛正在促使我們為他們的緣故而努力，他們的剛硬就會軟化，他們頑梗的意志就會屈服。這把愛的鑰匙將打開他們的心。藉著神的幫助，我們能將他們從世界的黑暗轉向福音之光。*那吩咐光從黑暗中照出來的神，已經照在我們的心裡，叫我們得知神榮譽的光顯在耶穌基督的面上*（林後 4：6）。

基督給祂的門徒們一枚徽章。你們中的一些人繫著藍絲帶，另一些人則係著紅絲帶，但基督給祂門徒的徽章是愛——不僅是對基督徒的愛，也是對失落者的愛。那良善的撒瑪利亞人愛那落入強盜之手的窮人。若我們充滿這樣的愛，世界很快就會認出我們是主耶穌基督的門徒。*你們若有彼此相愛的心，眾人因此就認出你們是我的門徒了*（約 13：35）。愛，比其他任何東西，更能使對神的不忠和反叛沮喪不安。

談到為了基督去接觸那些難相處的人時，我想起了我在倫敦時，住在某個人的家裡。那家有一位年輕女士，她覺得她為基督做事欠缺，決定為男孩子們開設一堂課。她現在有十五到二十個這樣的男孩子，年齡從十三歲到十六歲不等——這是一個很難應付的年齡段。這位基督徒女士下定決心，首先自己要爭取這些男孩子的友誼，然後尋求帶領他們歸向救主。看到她贏得了這些孩子年輕的心，這真是一個美麗的景象；我相信，她會贏得所有這些人一個純潔和敬虔的生命。假如我們能以這樣的精神在年輕人中工作，像這樣的男孩子們就會得救。他們不但不會落在監獄和貧民窟裡，反倒成為神教會的有用成員和社會的祝福。

我有一個朋友，他是一所很大的主日學校的校長。剛開始建立這所學校的時候，他下了決心，如果一個男孩子在自己家裡沒有受到良好的訓導，那麼除了主日學校之外，沒有其他任何地方可以勝任。因此他決定，只要有可能，哪怕男孩子叛逆而且任性，他也絕不會毫無理由地拒絕他入學。

結果，就有一個這樣的男孩子進了學校，幾乎沒有一個老師能應付。老師一個接一個地跑到校長跟前說："你必須把他從我班上帶走。他讓所有其他人都沮喪。他滿口髒話，造成的傷害超過了我所能做的所有好事。"

最後，我的朋友只好下了決心，要公開開除這個男孩。他告訴幾位老師他的打算，但一位富有的年輕女士說："我希望你能讓我試試看。我會盡我所能贏得他。"

我的朋友確信，年輕女士不會有足夠的耐心與男孩子打長時間的交道，但還是按她的要求讓這個男孩進了她的班級。沒過多久，小傢伙在課堂上鬧事，她就糾正他。男孩子氣瘋了，朝她臉上吐口水。她只是悄悄拿起手帕擦了擦臉。課結束時，她問他放學後是否願意和她一起走回家。"不，"他說，"我不想和你說話。"最後，他告訴她，他不會再來學校了。她再次問他是否願意讓她和他一起走。他又說："不"。

她看著他說："好吧，很抱歉你要走了，但如果你周二早上到我家按門鈴，有一個小包裹等著你。"她明確表示她當時不在家，但如果他問僕人，僕人會把包裹給他。

他回答說："留著你的舊包裹吧。我不要它。"縱然如此，她認為他會來的。

到了星期二早上，這個小傢伙的脾氣已經消了，他來到她家，按了門鈴。僕人把包裹遞給他。當他打開包裹，發現裡面有一件小背心、一條領帶，最重要的是，還有一張老師寫的字條。她告訴他，自從他上她的課以來，她每天早晚都為他禱告。現在他要離開她，她希望他記住，只要她活著，她就會為他祈禱，希望他長大後成為一個好人。

次日早上，男孩在她客廳等著她從臥室下樓。當她下來時，發現他在哭，好像他的心都要碎了。她親切地問他怎麼了。“哦，”他一邊說，一邊擦去臉上的淚水。“自從收到你的信後，我一直沒有安寧。你對我那麼好，可我對你卻刻薄無禮。我希望你能原諒我。”

從那以後，我的校長朋友說：“學校裡有大約一千八百個孩子，沒有比這男孩表現更好的了。”

我們是否能做到和這位年輕女士一樣？讓我們今天重新獻身於神和祂的聖工。

我雖能說智慧人的方言，
　　且滿有高過天使的話語，
倘若無愛，我卻被發現，
　　如叮噹之鑼，空乏之聲。

我縱然口若懸河滔滔不絕
　　陳述天堂地獄所有一切；
我信之堅，能移江海高山，
　　倘若無愛，我仍百無一是。

雖能傾我所盡所有
　　餵飽天下飢腸餓肚；
並將我身交火試煉，
　　以獲殉道荣耀冠冕，

倘若愛神愛人依然無我
　　所有我望我行皆成徒勞；
方言、恩賜、火熱肝膽
　　無以取代愛的醫治。
　　　　——以撒•華茲[11]（Isaac Watts）

11　以撒•華茨（Isaac Watts, 1674-1748），英國聖詩作者、公理會牧師、神學家。（譯者加註：詩由譯者自譯。如無特殊說明，本書中詩均由譯者自譯。）

第三章

信心和勇氣

要注意的最關鍵之處，即我們為神所做的一切，都應是信心付諸於行動。在我的一生中，我從未見過人們對祈禱的回應感到失望——他們若充滿信心，且建立在堅實基礎上。*所以，凡聽見我這話就去行的，好比一個聰明人，把房子蓋在磐石上；雨淋，水沖，風吹，撞著那房子，房子總不倒塌，因為根基立在磐石上。凡聽見我這話不去行的，好比一個無知的人，把房子蓋在沙土上；雨淋，水沖，風吹，撞著那房子，房子就倒塌了，並且倒塌得很大*（馬 7：24–27）。當然，我們所期望的，是要在聖經中確有保證。我確信，當我們聚集在一起為我們的朋友和鄰居祈求祝福時，我們必有這種保證。

不信，不僅僅是未皈依者的敵人，也是基督徒的敵人。不信，當今就如同在基督時代一樣，拖延福祉的到來。聖經中的某一處，我們讀到，*耶穌因為他們不信，就在那裡不多行異能了*（太 13：58）。倘若連基督都不能行奇蹟，作為神的子民，我們若不信，怎麼能期望有所成就呢？我常說，單憑神的兒女就能攔阻神的作為。非信徒、無神論者和懷疑論者反倒無法做到。然而，基督徒之間只要有團結、堅定的信心和期待，就能完成一項偉大的事工。

在《希伯來書》中，我們讀到，人非有信，就不能得神的喜悅。*因為到神面前來的人必須信有神，且信他賞賜那尋求他的人*（來 11：6）。這句話是寫給基督徒以及那些第一次尋求神的人。我們所有人都為我們的朋友尋求祝福。我們希望神振興我們，但也希望能觸及到外圍群眾。從這段經文中我們讀到，神祝福那渴望尋求祂的人。因此，就讓我們今天用心尋求祂吧。讓我們有極大的信心，讓我們的期望來自神。

我記得，當我還是個孩童的時候，每年的春天，當我所住之地的新英格蘭山上的雪融化時，我常常拿著放大鏡，對著溫暖的陽光。陽光照射到放大鏡上，可以把木頭點燃。信心就是那放大鏡，把神之火從天上帶出來。是信心使火降下到迦密山上，燒盡以利亞供上的燔祭。今天我們有同樣的神，同樣的信仰。有些人似乎認為信仰正在老化，聖經已經過時了。但是主會振興祂的事工，若每個信徒都有一個堅強而單純的信仰，我們就能點燃整個世界。

在《希伯來書》第十一章中，作者提到一個接一個有價值的人——或男或女，每個人都是信心之人。這些人活在世界中，使世界變得更美好。讓我們聽聽對這些信心之人所成就的描述：

> *他們因著信，制伏了敵國，行了公義，得了應許，堵了獅子的口，滅了烈火的猛勢，逃了刀劍的鋒刃；軟弱變為剛強，爭戰顯出勇敢，打退外邦的全軍。有婦人得自己的死人復活。又有人忍受嚴刑，*

不可苟且得釋放（原文是贖），為要得著更美的複活；又有人忍受戲弄、鞭打、捆鎖、監禁、各等的磨煉，被石頭打死，被鋸鋸死，受試探，被刀殺；披著綿羊山羊的皮各處奔跑；受窮乏，患難、苦害，在曠野、山嶺、山洞、地穴，飄流無定，本是世界不配有的人。這些人都是因信得了美好的證據，卻仍未得著所應許的；因為神給我們預備了更美的事，叫他們若不與我們同得，就不能完全。（來 11：33-40）

誠然，任何神的兒女讀到這些經文時都會為之所動。經文說：有婦人得自己的死人復活。你們中的許多人，有子女深深地誤入歧途，被烈酒俘虜，或沉浸在私慾和情慾中，你們對他們真是心灰意冷。但是，若你對神有信心，他們就能像從死裡復活一樣，再次復活。流浪者可以回歸。酒鬼、淫婦能得拯救。無論沉淪得多深，沒有一人，或男或女，福音無法觸及到。

在這種時候，我們應有比亞伯、以諾、或亞伯拉罕更大的信心。他們生活在離耶穌基督十字架遙遠的年代。我們談到以利亞、士師和先知的信心，但他們生活在昔日的昏暗微光中，而我們卻身處各各他山和復活的烈火中。當我們回想基督所行的事，祂如何流血使世人得救時，我們當藉著祂的力量前行，征服世界。我們的神能做宏大雄偉的事。

還記得羅馬百夫長怎樣求基督來醫治他的僕人嗎？當救主走近時，百夫長托朋友來見祂，告訴祂不必費力進他家。需要的只是祂說一句話，他的僕人就會活著。他也許揣測，基督若有能力創造世界，說，*要有光*（創 1：3），就有了光，使海洋和大地生生不息，祂應當輕而易舉地說一句話，那生病的僕人就會起來。我們被告知，當基督收到羅馬百夫長的託言時，祂對他的信心感到驚奇。此時此刻，讓我們同樣有信心神會在我們中間行偉大的事。

迦勒和約書亞是有信心的人。他們對以色列的價值超過了所有不信者和其他十個探子的總和。我們讀到摩西派了十二個人去窺探那片土地。我這麼說吧，若是真有信心，那就根本不用派出任何探子。你也許會回答說，摩西是受神命令差遣他們出去的，但我們讀到，這是由於他們的心剛硬。他們若相信神，他們早就會拿下加低斯巴尼亞的土地。我想，這十二個人之所以被選中，是因為他們是十二個部落中頗有影響力的領頭人物。

在離開大約三十天后，他們帶著我們稱之為少數派和多數派的報告回來了。十二個人都承認那地是好地，十個人卻說："我們拿不下那塊地。我們在那裡看到了巨人——亞納人。"難道你不能看到，在他們回來的那天晚上，營地裡有一大群人圍著那十個間諜，聽他們的負面報導，而圍著迦勒和約書亞的人則寥寥無幾？似乎常常如此——人們更願意相信謊言而不是真理。想像一下，當那些不信的人聚集在十個探子周圍時，其中一位探子是這樣描繪那塊地上的巨人："我非得仰著脖子看才能看到他們的臉。他們走過時，連地都顫抖。那高山上、山谷裡到處都是他們。然後，我們看到了高大城牆圍起來的城邑。我們無法攻下這片土地。"

但是，迦勒和約書亞有個截然不同的故事要講。那些強大的巨人，在他們的眼中，就像蚱蜢一般。這兩位有信心的人記得神如何將他們從法老手中拯救出來，帶領他們渡過紅海。他們沒有忘記，祂是如何從天上賜給他們糧吃，從曠野的磐石中賜給他們水喝。祂若與他們一同行進，他們確信就可以直接衝上去，佔領那地。於是，他們說，*我們立刻上去得那地罷！我們足能得勝*（民 13：30）。

我們今天在教會中看到了什麼？每十二個自稱是基督徒的人中，大約有十個人眼睛正盯著巨人，盯著牆壁，盯著路上的困難。他們說："我們無法完成這項事工。假如沒有那麼多酒吧和小酒館——沒有那麼多醉酒的人——沒有那麼多無神論者和反對者，我們也許能做到。"讓我們不要對這些缺乏信心的教徒們讓步。若我們信神，就完全能夠為基督而上，佔有這片土地。神總是樂於成全信心。

最終，很有可能是某位臥床不起、無法參加聚會的虔誠弱女子，給事工帶來祝福。到那一天，當每個人的工作受到檢驗時，也許會揭示，某個默默無聞的人，單單以信心榮耀神，使極大的祝福降臨在我們的城市，帶來翻天覆地的振興。

再者，在聖經的這些記載中，我們發現信心總是伴隨著勇氣。迦勒和約書亞充滿勇氣，因為他們是有信心的人。歷世歷代，那些被神大大使用的人都是勇敢的人。如果我們充滿信心，我們就不會一直充滿恐懼和不信任神。這就是今天基督教會的問題——這麼多人擔心害怕，原因就是他們不相信神會使用他們。我們需要的是有勇氣來推動我們前進。我們若這樣做，對那些溫吞水基督徒的建議，我們就必須反對。

有些人，除了反對和挑剔，從來不干事，因為事情不完全按照他們認為合適的方式進行。他們會說，"我認為這不是最好的作法。”任何計劃，只要一提出來，他們就跳出來反對。任何步驟，當被採取向前邁進時，他們就潑冷水。他們會很快指出各種可能的困難。我們應當充滿信心和勇氣，向前邁進，把這些畏怯的缺乏信心者甩在身後。

在《歷代誌下》，我們讀到亞撒王反其父母之道而行。這樣做需要很大的勇氣。他廢了他母親的王后地位，砍下偶像並將它們燒毀。

有的時候，我們不得已，要去反對那些本應成為最好朋友的人。難道現在不正是要我們進入更深處的時候嗎？除非主賜福，我從未見過有人走出去，靠自己能把人帶進主的羊圈。如果某人有勇氣直接去找他的鄰居，和鄰居談談靈魂之事，神肯定會對他的努力微笑。與他交談的人最終可能會惱怒，但這並不總是一個壞兆頭。誰知道，那人也許第二天會寫信道歉。不管如何，以這種方式激怒他，總比讓他繼續走向永恆的死亡、毀滅要好。

當神把以色列人從米甸人手中拯救出來時，請注意祂是如何將這一課教給基甸的。基甸聚集了三萬二千人的軍隊。他大概點了一下人數，當知道米甸人軍隊有十三萬五千人時，心裡說：“我的軍隊太少了。我恐怕不會成功。”但主的想法不是這樣。祂對基甸說，跟隨你的人過多（士 7：2）。結果主告訴他，三萬二千人中，凡懼怕和膽怯的人都應該回家，回到他們的妻子和母親身邊。基甸剛一下達這個命令，就有兩萬兩千人出列，被送回家。當基甸眼睜睜地看著他的軍隊逐漸縮小時，他也許以為主犯了一個錯誤。如果開會時有三分之二的觀眾站起來走了，你也會以為所有人都跑了。

主說，*人還是太多。你要把帶他們下到水旁，我好在那里為你試試他們。……凡用舌頭添水，像狗添的，要使他單站在一處；凡跪下喝水的，也要使他單站在一處*（士 7：4–5）。基甸就再次發命令，結果九千七百人離開營地，退到後方。最終基甸只剩下了三百人。但是，這少數人真心向著天上的神，隨時準備奉祂的名前進，比所有那些總是播下不滿的種子和預測失敗的人更有價值。這樣的軍隊，沒有什麼能使之怯懦；同樣，在教會裡，最令人沮喪的，就是很多人一直盼著災難，說"我們認為這種努力不會有任何意義。這不是我認為應該做事情的方式。"之類的話。

對教會有益的，倒不如讓所有膽怯、沒有信心的人都退到後面，讓那些充滿信心和勇氣的人拿著裝著火炬的罐子前去對抗敵人（參 士 7：16）。這支由基甸留下的三百人隊擊潰了米甸人，但並不是靠他們自己的力量贏得了勝利。*那是因為我是耶和華的劍！*（士 7：20）若我們奉主的名勇往直前，信靠祂的力量，我們就必成功。

摩西在升天之前，竭盡全力鼓勵約書亞，堅固他，稱讚他。儘管他未被允許進入應許之地，摩西的心中無絲毫嫉妒之意。他登上庇斯迦山頂，遙見那是一塊好地，便勸約書亞上前去佔領。摩西離世後，我們在《約書亞記》第一章中，讀到神對約書亞說了三遍："要剛強壯膽。"

> *你當剛強壯膽！因為你必使這百姓承受那地為業，就是我向他們列祖起誓應許賜給他們的地。只要剛強，大大壯膽，謹守遵行我僕人摩西所吩*

> *咐你的一切律法，不可偏離左右，使你無論往哪裡去，都可以順利。這律法書不可離開你的口，總要晝夜思想，好使你謹守遵行這書上所寫的一切話。如此，你的道路就可以亨通，凡事順利。我豈沒有吩咐你麼？你要剛強壯膽！不要懼怕，也不要驚惶；因為無論你往哪裡去，耶和華你的神都與你同在。*（書 1：6–9）

神使他的僕人信心倍增。必無一人能在你面前站立得住（書 1：5）。此後不久，約書亞往耶利哥城去，繞著城牆外轉。走著走著，就看到面前站著一個人，手裡拿著一把拔出的刀。約書亞並不害怕，而是問，*你是幫助我們呢？是幫助我們的敵人呢*（書 5：13）？他的勇氣得到了獎賞，因為那人回答說，*不是的，我來是要做耶和華軍隊的元帥*（書 5：14）。祂被派來為約書亞鼓氣，帶領他走向勝利。

因此，你會在整本聖經中發現，神使用有勇氣的人，而不是那些光看著失敗的人。

另有一個想法：我從未見過這樣的例子——神使用一個灰心喪氣的男人或女人來為自己完成任何偉大的事工。傳道人若帶著沮喪的心情走上講台講道，情緒就如瘟疫般傳染開來。沮喪很快就傳染到了長座椅上的聽眾，一下子整個教會都灰心喪氣了。主日學老師也是如此。我從未聽說有人對主的工作灰心沮喪，結果反倒成功。神不會使用這樣的人。

有個人告訴我，他傳道多年，卻無一成果。當他和妻子去教堂時，他常常對她說，他知道人們不會相信他說的任何話——沒有神的祝福。這個人不期望有任何所得，結果他得到的正是他所期望的。最後，他認識到自己的錯誤，請求神幫助他。他鼓起勇氣，然後祝福就來了。*照著你們的信給你們成全了吧*（太 9：29）。親愛的朋友，讓我們期待神使用我們。讓我們鼓起勇氣向前走，仰望神成就大事。

以利亞在迦密山上是一個人，而杜松樹下的以利亞卻是根本不同的一個人。在迦密山上，他是一個巨人，沒有什麼能阻擋他的路。然而，耶洗別的傳話讓他恐懼萬分，萬念俱灰，跑到杜松樹下求死。神無法使用他。主只得去找他問，*以利亞啊！你在這裡做什麼*（王上 19：13）？我希望神能對許多以基督徒自封但與祂失去團契的人說話，向這些人表明他們對祂的聖工毫無用處。

當彼得不認主時，跟在五旬節那天的他是個截然不同的人。他失去了與主的相交，一個使女的話幾乎把他嚇得要死。他又發誓又詛咒，一口不認主。當一個人失去信心和勇氣時，他的跌倒是多麼可怕。

> *他們拿住耶穌，把他帶到大祭司的宅里。彼得遠遠地跟著。他們在院子裡生了火，一同坐著；彼得也坐在他們中間。有一個使女看見彼得坐在火光裡，就定睛看他，說："這個人素來也是同那人一伙的。"彼得卻不承認，說："女子，我不認得他。"過了不多的時候，又有一個人看見他，說："你也是他們一黨的。"彼得說："你這個人！我不是。"約過來一小時，又有一個人極力地說："他實在是同那*

> *人一伙的，因為他也是加利利人。”彼得說：“你這個人！我不曉得你說的是什麼。”正說話之間，雞就叫了。主轉過身來看彼得。彼得便想起主對他說的話：“今日雞叫以先，你要三次不認我。”他就出去痛哭。*（路 22：54–62）

然而，彼得悔過自新，重新得力。看看他在五旬節那天。如果那位讓他發抖的使女在人群中，聽到他宣講那記載在《使徒行傳》第二章的奇妙佈道，我想她應是全耶路撒冷最吃驚的人。她也許會說：“奇怪，我幾天前見過他，稱他是基督的門徒時，他非常惶恐。現在，他倒是勇敢地為這同一位基督挺身而出。他現在完全沒有羞恥。”五旬節那天，神大大地使用了彼得——他向那廣大人群傳道，甚至包括殺害他的主和師傅的兇手。因此，唯當彼得為自己的懦弱悔改並重建信心和勇氣時，我們的主才能使用他。不然，主就只好把他擱在一邊。這對任何為基督服侍感到灰心喪氣的人亦如此。

幾年前，有一段時間，我沉悶抑鬱了好幾個星期。尤其有個星期天，我講道，幾乎沒有任何成效。星期一，我異常沮喪。坐在書房裡，我為自己缺乏成功而苦苦思想。碰巧，有個年輕人來拜訪我，他在我管理的主日學校開設成人聖經班，有一百名學生。當他進來時，我看到他情緒高亢如處在頂峰，而我的情緒卻在低谷中。他說：“你昨天過得怎麼樣？”

“不好。”我抱怨道。“我沒有成功，我很痛苦。你怎麼樣？”

“我沒有比這一天更棒了。”

“你上課的主題是什麼？”

“我談了挪亞的生平和秉性。你傳講過挪亞嗎？你研究過他的生平嗎？”

“沒有。我沒有做過專門的研究。”我想，我當然知道聖經中關於挪亞的一切——你知道——所有關於他的就那幾節經文而已。

我的年輕朋友說：“如果你以前沒有研究過，最好現在研究研究。這會對你有好處。挪亞是一個了不起的角色。”

那個年輕人離開後，我拿出聖經和其他一些書，閱讀我能找到的關於挪亞的所有信息。我剛讀了一會，一個念頭就閃入腦海：*有這麼個漢子，辛勤勞作一百二十年，除了他自己的家庭成員之外，從未有人相信他。然而他沒有氣餒。*我合上聖經。愁煩已如煙消雲散。我去參加中午的禱告會。我到那裡不久，就有一個人站起來，說他來自伊利諾伊州的一個小鎮。前一天，他接納了一百名初信的皈依者加入教會。當他說話時，我對自己說：“我想知道，如果挪亞聽到這件事，他會怎麼回應。他的努力從未有過這樣的結果。”

幾分鐘後，坐在我身後的一個男的站了起來。那人渾身顫抖著。他把手放在我的椅背上，我可以感覺到椅背在顫抖。他說：“我希望你為我禱告。我想成為一名基督徒。”我暗暗地對自己說，*我想知道如果挪亞聽到了，他會怎麼回應。他從來沒有聽到過一個靈魂求神憐憫，但他並沒有灰心。*從那天起，我就再也沒有沮喪過。讓我們祈求神驅走恐懼和不信的烏雲。讓我們走出疑惑寨[12]（Doubting Castle）。讓我們奉神的名勇往直前，期待得到成果。

12 疑惑寨（Doubting Castle），出自約翰•班揚《天路歷程》。

如果你參加不了事工，你可以通過鼓勵別人來作很多事。有些人不但不做任何事來推進事工，在別人向前邁出的每一步中，他們還不斷地潑冷水。如果你碰到他們，你會感到渾身上下冷颼颼的。我想我寧願面對愛丁堡三月的東風，[13] 也不願和這些掛名的基督徒面對面。對某種努力，這些人會說這樣的話，“嗯，是的囉，做了很多工作，但根本沒有達到多少成效。”然後他們繼續說這事應該用不同的方式來完成，但自己根本沒有主意該怎麼做。他們總是盯著黑暗的一面。

不要聽這種令人沮喪憂愁的言論。奉我們偉大元帥的名，讓我們繼續戰鬥，走向勝利。有的將領，光名字都勝過一萬大軍。南北戰爭中，我軍中有些將領一出場，全軍上下歡呼雀躍。當他們穿過士兵的隊伍時，歡呼聲越來越高。士兵們知道誰將領導他們，他們確信一定會成功。“男小子們”喜歡在這樣的將軍手下作戰。

讓我們在主裡激勵自己，並互相鼓勵。那麼，我們將獲得良好的成果。

《歷代誌上》，我們看到約押鼓勵那些在戰爭中幫助他的人。*我們都當剛強，為本國的民和神的城邑作大丈夫，願耶和華憑他的意旨而行*（代上 19：13）。讓我們本著這種精神前進，主會幫助我們戰勝我們的敵人。如果我們不能直接加入戰鬥，我們必須想方設法鼓勵那些參加戰鬥的人。

謝里夫繆爾戰役[14]（Battle of Sheriffmuir）中，麥格雷戈氏族軍隊（MacGregor Clan）的一名蘇格蘭高地（Scottish Highland）首領受了傷。士兵們見首領倒下，動搖了，讓敵人

13　愛丁堡三月的東風：意指天寒風大。

14　謝里夫繆爾戰役（Battle of Sheriffmuir），1715年，蘇格蘭的一場內戰。

佔了上風。老首領察覺到了，靠著手肘抬起身來，鮮血從他的傷口流出。他喊道："我沒有死，我的孩子們；我正看著你履行你的職責。"這使士兵們士氣大振，發出幾乎如超人般的戰鬥力。當我們的力量衰弱，我們的心沉淪時，我們的救恩元帥喊道，*凡我所吩咐你們的，都教訓他們遵守，我就常與你們同在，直到世界的末了*（太 28：20）。*你務要至死忠心，我就賜給你那生命的冠冕*（啟 2：10）。

我的一個朋友告訴我，有個同工來找他，顯得非常沮喪。彷彿一切都出錯了。我的朋友轉向他，說："你是否懷疑事情發展的最終結果？耶穌基督是否將建立祂的國度，掌權，從江河一直到地極？祂是否會得勝？"

那同工說："基督當然要得勝。"但他承認，他從來沒有刻意地想過這個問題。如果人們常常展望未來，牢記主的應許，就不會感到憂鬱沮喪。

基督將要掌權，因此讓我們走出去，做祂託付給我們的事工。若我們的周圍碰巧是黑暗的，記住其他地方將是光明的。若我們未能取得預想的結果，其他人也許正看到那出乎意外的勝利成果。

和早期基督徒對照，思考一下我們所擁有的條件和機會。看看早期基督徒所遇到的巨大障礙——常常要以自己的鮮血來印證自己的見證。五旬節那天，當人們蔑視嗤笑時，彼得必須與什麼抗爭。那時的門徒們沒有大隊人馬來建造佈道的大堂。他們沒有一群牧師坐在旁邊為他們祈禱或為他們搖旗吶喊。然而，看看彼得在五旬節那天講道的奇妙結果。

看看馬丁•路德在德國的時候，他所身處的巨大黑暗。看看約翰•諾克斯在蘇格蘭遇到的困難。然而，這些人在他們那個時代為神做了一項偉大、持久的事工。即使是現在，我們也能從他們忠心耿耿的辛勞中收穫福祉的碩果。看看衛斯理和懷特菲爾德當時的日子，那籠罩在英格蘭令人沉悶的黑暗。看看神如何祝福他們的努力。然而，他們面臨著許多我們今天沒有的障礙。他們懷著堅強勇敢的心前行，主賜予他們成功。

我相信，如果生活在上個世紀的先輩能以肉身回到這個世界，他們會驚訝地看到我們擁有如此美好的機會。我們擁有很多他們沒有的優勢，這些優勢，甚至是他們連做夢都想不到的。我們生活在一個偉大而光榮的日子裡。

約翰•衛斯理花了幾個月的時間橫渡大西洋。我們現在可以在幾天內完成。想想印刷機的功率。我們可以將佈道文稿打印出來，然後散發到地球的各個角落。看看我們擁有的不可思議的便利、設備條件，比如電報和火車；火車可以使我們在幾個小時內去數百英里以外的地方傳道。你難道不同意我們生活在一個輝煌的時代嗎？因此，我們不要氣餒。相反，讓我們利用所有這些美好的機會來榮耀神，並且期待偉大的成就。如果我們這樣做，我們將不會失望。神隨時準備賜福給我們，只要我們隨時準備好讓祂使用。

一些年老體弱的人可能會對自己說：“我希望我再次年輕。我想去參加最激烈的戰鬥。”但是任何人，無論老少，都可以去到人們的家中，邀請他們出來參加聚會。到處都是寬敞的大廳，有足夠的空間。還有很多人可以幫助唱聖詩，這同樣也是傳講福音。許多不去教堂的人也許可以被說服參加振興聚會。

如果你無法出去邀請人，就像我之前說的，你仍然可以為作工的人加油，並祝他們成功。很多次，當我從講壇上下來的時候，某個顫抖著，瀕臨死亡，或許活在不多時間裡的老人，拉住我的手，顫抖著說："神祝福你！"這些話是如此鼓舞幫助我！因此，如果你太虛弱了，不能自己參與這項事工，你們中間許多人可以對年輕的朋友說幾句鼓勵的話。

你也可以祈禱。祈求神祝福所說的話和所做的努力。對傳道人來說，別人若一直在為你禱告，支持你，而不是批評和指責，講道就很容易。

我想你聽說過有個孩子被從大火吞沒的四樓救出來的故事。火焰越來越高，那孩子來到窗邊。大聲呼救。一名消防員豎起了消防梯來營救孩子。風把火焰吹到消防員身上，熱不可耐，他開始猶豫了。看起來，他要放棄孩子退下消防梯來。上千圍觀的人，想到消防員如果放棄，孩子就會在大火中喪生，他們的心不寒而栗。人群中有人喊道："給他加油！"歡呼聲接踵而至。消防員聽到他們的呼聲，重新鼓起勇氣。最終他爬上去，在濃煙大火中，把孩子安全地救了下來。同樣，如果你不能親自去拯救那正走向滅亡的人，你至少可以為那些去拯救的人祈禱，為他們鼓氣。若你這樣作，主定會祝福你的努力。

他們各人幫助鄰舍；各人對弟兄說：壯膽吧！

（賽 41：6）

我們正生活，居住在
　一個宏大而可怕的時代，
一個重述歷代真理的時代
　——活著就是昇華。

上！讓你的靈魂
　為了真理，走遍天涯！
奮起！用你的全身
　將真理傳給萬代
——為神傳講！
　——*克利夫蘭·考克斯*[15]（*Cleveland Coxe*）

15　克利夫蘭·考克斯（Cleveland Coxe, 1818-1896），主教、聖詩作家。

第四章

因信得賞

有一天，耶穌教訓人，有法利賽人和教法師坐在旁邊，他們從加利利各鄉村和猶太並耶路撒冷來的。主的能力與耶穌同在，使他能醫治病人。有人用褥子抬著一個癱子，要抬進去放在耶穌面前。卻因人多，尋不出法子抬進去，就上了房頂，從瓦把他連褥子縋到當中，正在耶穌面前。耶穌見他們的信心，就對癱子說："你的罪赦了。"（路 5：17–20）

馬太，馬可，和路加都記載了這個神蹟。當有兩三個福音書的作者記載同一神蹟時，其目的就是要帶出一些重要的真理。在我看來，主在這裡要教導我們的真理是：祂注重這四個將癱子帶到祂面前醫治的人的信心。經文沒有告訴我們那癱子是否有信心，但是，當耶穌看到他們的信心時，祂就發出神力，治癒了那癱子。

我想對所有基督徒工人說的是，主若看到我們對那些我們希望能夠得到祝福的人滿有信心時，祂將成全我們的信心。

祂從未辜負祂兒女的信心。在聖經中到處都是這樣的例子：無論男女老少，若對神有真正的信心，其信心就必得到落實。當救主生活在這個遭罪詛咒的地上時，沒有什麼比看到門徒的信心更令祂歡喜。沒有什麼比信心更使祂的心清新甘甜。

我們在福音書的敘述中讀到，此時在迦百農城發生了巨大的騷動。幾週前，救主被趕出自己的家鄉拿撒勒。祂下到迦百農，四面八方，整個地方都騷動了。祂如新星剛剛升起，祂的名聲才剛剛開始在民眾間流傳。

彼得的岳母因主的一句話治癒了。羅馬軍隊一名軍官的僕人因主的一句話從病床上起來。除此之外，救主還行了其他許多奇妙的神蹟。人們從加利利、猶太各城和耶路撒冷來到迦百農。他們聚在一起見證了這些美好的奇蹟。施洗約翰的聲音響徹大地，宣告一位先知將很快出現，他本人連解開祂的鞋帶都不配。當施洗約翰宣告這個信息時，這位先知親自出現在迦百農的北部，所有這些奇事就都發生了，驗證了施洗約翰的宣告。

法利賽人和律法師也來到迦百農，要查一查正在廣傳的消息。他們聚集的房子擠滿了人，這些文士們正聽著救主的教導。他們中的許多人對祂說的一個字都不相信。不過，這些文士中也許有人相信了。尼哥底母和亞利馬太的約瑟可能就在其中；如果真是這樣，他們還沒有被稱為是耶穌的門徒。

《路加福音》的作者說，*主的能力與耶穌同在，使他能醫治病人*（路 5：17）。然而，這些人中，經文中甚至連一個人都沒有提到被醫治了。現在經常也是這樣。主的力量也許會在聚會中提供醫治，但有許多人進進出出，靈魂並沒有得到醫治，而且對所講的道頗為不解。我們真正需要的，不光是講道，而是神的能力就在我們中間。

有個人參加了我們在倫敦的一次佈道會。他發現自己身處大廳的某個角落，在那裡他聽不到任何一個詞，無論是在說什麼，還是在唱什麼。台上誦讀經文時，他甚至連一句經文都聽不到。這麼說吧，雖然他坐到佈道會結束為止，但全場都在獨自思念自己的東西。佈道會結束後不久，他告訴某人，說當他坐在那裡時，神親自向他啟示，並賜平安給他的靈魂。這麼看來，即使有人聽不到同胞的講道，神的力量也有可能在場進行醫治。

這個福音書記載的這四個人是貨真價實的工人。比起一屋子來旁觀、指手劃腳的法利賽人和律法師，這四個人的價值足足有餘。我不知道這四個人是誰，但我一直對他們非常欽佩。也許他們中的一位曾經是瞎子，而主使他重見光明。另一個可能生來就瘸腿，當主使他恢復健康後，他決定帶其他人來醫治。第三個人可能是一個治癒的麻風病人，他同樣希望幫助其他受折磨的人得醫治。也許這個癱瘓的人是他的隔壁鄰居。第四個人可能原先又聾又啞，他想用他新獲得的聽力和語言來幫助別人。這四個年輕的皈依者說：“讓我們把生病的鄰居帶到基督面前。”那癱子也許說他對基督沒有信心，但這四個朋友告訴他，他們是如何被治癒的，如果主能醫治他們，當然祂能治好一個癱子。

最近，我聽說有一個男子，一個不去教會的人，他不相信聖經或宗教的東西。有人分發門票，問他是否願意參加復興會議。他變得非常生氣。“不，我不會去的。我一點都不相信，也不會出現在這樣的人群中。”

第二個人走過來，他不知道已經有人跟站在他面前這位不信的人說過話了。他就問該男子要不要門票。那男的還在生氣，不過，因那人的一片心意，他叫那人把門票自己留著。

沒過多久，第三個人找上門來，問道："你要一張票去參加這些會議嗎？"此時，那男的靈魂上有所甦醒，不過，他還是拒絕了。

那人去一家商店買東西，店裡的人把一張聚會的票放進他的包裹裡。當他回到家，打開包裹，發現那張票。最終，他很興奮，儘管沒有去我們的聚會，但去了附近的教堂。我不知道他是否已經歸主，但相信他很有希望。

如果一次拜訪，對方沒有在靈上甦醒，就派第二個人去拜訪。若還是沒有效果，就派第三個、第四個、第五個、第六個和第七個。日復一日地這樣下去。拯救一個人，把他們從罪的坑里救出來，把他們的腳堅固在磐石上，把一首新歌放進他們的嘴裡，這是一件非常了不起的事情。對於喚醒一個冷漠的人，沒有什麼比讓一群朋友奉勸他更有成效。如果你自己不能領他來復興會，請讓其他人幫助你。

這四個人進去時受阻。房門被擋住了，他們無法讓他們的殘疾朋友靠近主。他們也許請其中的一些文士站在一旁，然而，這些人不會那樣做。這些文士不會考慮到一個病人。有很多人自己進不了神的國，還給別人設下障礙。試了一段時間之後，這四個人想出另一個計劃。換成是我們中間的某些人，也許會垂頭喪氣，轉身就把那癱子抬回家了。

這些人既有信心又有毅力。他們決定用其他方法讓他們的朋友近到基督跟前。既然他們無法從門裡進去，他們就另闢蹊徑——從屋頂上進去。有人可能會說，"有勇無謀"。我寧可有此激情，也不要無熱情的知識。你可以看到他們又推又拉，費勁地要把那癱子抬到屋頂上。假如你曾經把一個受傷的人抬上樓梯，就知道這不是一件易事。但這四個人不會就此罷休，他們終於把他抬上了屋頂。

這一來，他們面臨另一個難題。"如何才能讓他到耶穌所在之處呢？"他們開始把屋頂的瓦片挪開。我可以看到那些法利賽人和文士抬起頭來互相說："這些人在做什麼？我們從未在聖殿或猶太會堂中看到過這樣的事情。這太離譜了。這些人一定是狂熱分子。瞧，他們已經開了一個大洞，能穿過一個人。要是來一場突如其來的陣雨，房子就泡湯了。"

但屋頂上的四名工人卻正全神貫注地忙著。他們把那癱子躺著的褥子縋下進了房間，正好把他放在耶穌基督的腳前。這真是一個讓他躺下的好地方，不是嗎？也許你有一個疑惑的兒子或不信的丈夫，或者你的其他家庭成員嘲笑聖經、譏諷基督教。把他們放在耶穌腳前，祂必成全你的信心。

當耶穌見<u>他們的</u>信心（強調）。我想此時這些人正眼盯著屋子裡即將要發生的事情。基督抬頭看著他們，當祂看到他們的信心時，祂對癱子說，*小子，放心吧，你的罪赦了*（太 9：2）。這超出了他們所預想的。他們只想到他的身體會完全恢復。讓我們把我們的朋友帶到基督面前，我們會得到比預期的更多的東西。主首先滿足了這個人最深的需要。癱瘓也許是他的罪的結果，所以主首先赦免了他的罪。

文士和法利賽人就議論說："說這僭妄話的是誰？除了神以外，誰能赦罪呢？"（路 5：21）。*主知道他們在想什麼，就問他們說，"你的罪赦了，或說，你起來行走，哪一樣容易呢？但要*

叫你們知道人子在地上有赦罪的權柄，”就對癱子說：“我吩咐你，起來！拿起你的褥子回家去吧。”（路 5：23-24）。那人一躍而起，他的腳完全治愈。他把褥子捲起來，搭在肩上，就回家去了。請注意，那些不願讓他進來的文士和法利賽人，現在很快就站到一邊，讓那人出去了。他不需要從屋頂出去；他從門口徑直出去了。

信徒同工，讓我們對那些我們帶到基督面前的人有信心。讓我們為他們而信，假如他們不為自己而信。也許有些讀這本書的人不相信聖經，也不相信神的兒子的福音。讓我們用我們信心的臂膀把他們帶到基督面前。基督是不變的——*昨日、今日、一直到永遠、是一樣的*（來 13：8）。讓我們冀望偉大的事情發生——死人將會復活，賣淫的女人重獲新生，醉漢得拯救，魔鬼被趕走。就像神的兒子在地上時一樣，我相信，人會受到邪靈的影響。我們要把這些人帶到主耶穌基督面前，這樣祂就可以醫治和拯救他們。讓這遭咒詛的不信被清除滌蕩，讓我們成為一體來到神面前，尋求、冀望奉耶穌的名行神蹟奇事。今天，祂就能行神蹟，只要我們求祂落實祂的應許，祂必回應。*他都能拯救到底*（來 7：25）。

凡讀這本書的人，我跟你說，神有能力將你從罪孽中拯救出來。你若想成為新人，就像在《馬可福音》一章40節那麻風病人一樣，直接來到主面前。那麻風病人說，*你若肯，必能叫我潔淨了*。基督嘉獎他的信心，說，*我肯；你潔淨了吧*（可 1：41）。請注意，麻風病人把“若”放在正確的位置。*你若肯*。他不懷疑神兒子的力量，而是堅定地表示，基督若願意，祂擁有所有一切的醫治能力。

相比之下，那將兒子帶到基督面前的父親說，*你若能做什麼，求你憐憫我們，幫助我們*（可 9：22），主當場就糾正了他的神學觀念。***你若能信**，在信的人，凡事都能*（可 9：23，黑體字強調）。讀這篇文章的母親們，你能為你的孩子而信嗎？你若能信，主會同樣地回應，你所求的必成就。

對我們來說，最好直接來到主的腳前跪下，就如那可憐的婦人去找以利沙，跟以利沙講她死去的孩子的事一樣。以利沙讓僕人拿起他的手杖，前去放在死去的孩子身上。但那母親不願離開先知，即使先知讓她和他僕人同去。她對先知的手杖不滿意，甚至對他的僕人也不滿意。她要的是先知本人。於是，以利沙就和她一同前去——他還真成就了一件好事，因為僕人不能使孩子復活，但以利沙卻能。

我們要越過杖和僕人，直接進到主的心。讓我們把癱瘓的朋友直接帶到祂面前。經上提到基督在某個地方，*因為他們不信，就在那裡不多行異能了*（太 13：58）。讓我們求祂除去那該咒詛的不信，這不信阻礙了祝福的降臨，也使那些厭倦被罪捆綁的人得不到救贖。

因愛而生，
　潔淨心靈之信心，
可將那天上喜樂
　傳講給朽壞之人：

因信承受這塵世的紛爭，
　終以不朽的生命得勝。[16]

16　原註：Lowell Mason, Edwards A. Park, and Austin Phelps, eds., *The Sabbath Hymn Book: For The Service of Song in the House of the Lord: Hymn 757, "Faith Which Worketh by Love"* (New York: Mason Brothers, 1859)。

第五章

激情

你這睡著的人，當醒過來，從死裡復活，基督就要光照你了（弗 5：14）。我要把這些話應用在神的兒女身上。若要將神的兒子的福音傳給失喪的人，基督教必須比過往更具爭戰性。基督徒採取防守已經夠久了。我們爭戰進攻的時候到了。當我們作為神的兒女醒來去葡萄園作工時，我們必須接觸周圍那些生活在邪惡中的人，除此之外別無其他途徑。你可以參加人頭攢動的會議，討論“如何接觸群眾”，但當你討論完之後，你必須付出個人的努力，將所討論的付諸於行動。每一個愛主耶穌基督的人都必須清醒地知道，他或她在這世上肩負著幫助失喪之人的使命。

人會說夢話，在我看來，在主的事工中，這種“昏沉沉夢囈”的事情很多。一個人甚至可以在睡夢中講道。有一天晚上，我的一個朋友在他的床上坐起來，講了一整篇的道。整個過程中他都在酣睡。第二天早上，他的妻子把這事告訴了他，然後，星期天早上他在自己的教堂裡作了一模一樣的佈道。我手裡有一份他的講稿的印刷版，還是一篇很不錯的佈道。所以，一個人不僅能說夢話，還能在夢中傳道。我想今天很多傳道人其實都酣睡著。

我們必須記住的一樁事，就是一個人不能在睡夢中作工。喚醒教會最好的方法莫過於投入事工。一個人在自己覺醒的過程中可以喚醒另一個人。當然，當我們開始積極工作，向世界、肉體、魔鬼宣戰的那一刻，那些說起來頗有經驗的人會搖頭，但也會有人疾聲高喊，*向神有熱心，而不是按著真知識*（羅 10：2）。

自從我開始基督徒生活以來，就常聽到這些異議。前幾天，有個人談到要做的事工時說，他希望激情能得到適當的調整。另一位朋友機智地回答說，他希望溫文中帶有熱情。如果總是這樣，基督教就會像一個熾熱的球在地球上滾動。當神子民忠心耿耿來完成神的事工，世上就沒有任何力量能夠抵擋前進的步伐。

歷世歷代，神使用那些真誠且有強烈動力的人。而撒但總是呼召懶惰的人為他服務。神呼召積極認真的人——不懶惰、不閒置。當我們被徹底喚醒，為神的事工嚴陣以待，祂就會召集、使用我們。

還記得以利亞在哪裡找到以利沙嗎？以利沙在田裡犁地；他在幹活。基甸在打麥場。摩西在何烈山看羊。這些傑出的神的僕人沒有一個是懶散或遊手好閒的。無論他們幹什麼，都是盡其所能。我們現在就需要這樣的人。即使我們不擁有所有的知識，讓我們以神賜給我們的全部激情去做這項事工。

傑里米•泰勒[17]（Jeremy Taylor）說：

17　傑里米•泰勒（Jeremy Taylor, 1613-1667），英國主教、作家。

> 使徒的熱忱是這樣的：他們既公開又私下傳道，他們為所有人祈禱，他們為人心剛硬向神哭泣，他們"向什麼樣的人，就做什麼樣的人。無論如何，總要救些人"；走過深淵和曠野，忍受沙漠赤日的暴晒和友拉革羅狂風（Euroclydon）的暴虐，颶風和暴雨，大海和監獄，嘲諷和鞭笞，禁食和貧窮，勞苦和守望，忍辱於每個人，不虧損任何人，行各樣善事，遭各樣惡毒，只要贏得一個靈魂；溫順勸說，謙卑懇求，有力說服，專為人之益，不強奪人意。這就是基督徒的熱心，溫柔、慈善、堅忍。

許多人對激情這個詞望而生畏。你知道這個詞的原意是什麼嗎？它的意思是"在神裡面"。"在神裡面"的人肯定會被熱情點燃。當一個人滿懷激情地投入工作時，通常會戰勝面前的一切阻力。在軍隊中，一個滿懷激情的將軍會激發他的手下，一定比一個缺乏同樣精神的人更大有作為。有人說，就這樣下去，會犯很多錯誤。當然很有可能會犯錯誤。你從未見過任何一個男孩子在學習一門手藝時不會犯錯誤。若你因為害怕犯錯而不去工作，你會犯下一個極大的錯誤——一生中最大的錯誤——即什麼都不做。如果我們都能盡其所能，就會取得很大的成就。

有多少次，我們發現主日學老師在工作時沒有任何熱情？我認識很多木頭般的老師。假如我是木匠，我可以造出任意數量這樣的老師。他們沒有心，沒有火，沒有熱忱。這樣的老師，姍姍來遲，約定時間過後才到教室。他屁股一坐，也不和學生打招呼，一言不發，一直呆坐到上課的時間。當校長說開始吧，他就拿出一本問題本來。他自己沒有費心去研究這門課，就拿別人寫的東西來代替。除了問題本，他還有一本答案本。

這樣的老師會拿起問題本問："約翰，誰是第一個人？"他看了看本子，對自己說，*沒錯，這問題沒錯*。

約翰回答說："亞當。"

這老兄看著答案本說："是的，沒錯。"他又看了看問題本，問道："查爾斯，羅得是誰？"

"亞伯拉罕的侄子。"

"是的，好孩子，沒錯。"然後他繼續往下問。你也許會說，這樣的描述很誇張，當然，我並不是說如字面上一字一句那樣的真實，但整個畫面並沒有那麼誇張。你認為這樣的方法會觸動一班生機勃勃的男孩子嗎？

我喜歡看到是，老師走進課堂，與所有的學生握手問好。"喬尼，你好嗎？查理，很高興見到你。寶寶怎麼樣了？你媽媽好嗎？家裡的人還好嗎？"這才是我喜歡見到的那種老師。當他一開始上課，所有的學生都對他要說的內容深感興趣。他能夠引起全班人的注意，教導他們為神和永恆而活。凡世上被神大大使用的人，沒有一個是不充滿激情的。當我們本著這種精神去工作時，我們的事工就會興旺發達，神就會賜於我們成功。

一八六七年我在紐約待行去英國時，一位朋友對我說："我希望你今年去參加愛丁堡大會。一年前，我在那裡的時候，聽到了一場難忘的演講。達夫博士（Dr. Duff）的演講讓我全身心地為主火熱。我永遠不會忘記我在那次會議上度過的那一小時。"

到達英國後不久，我去了愛丁堡，在那里呆了一個星期，希望能聽到達夫博士的演講。我雖然沒有聽到達夫博士的演講，但我花了一些工夫了解到我朋友提到的演講的來龍去脈。故事真的讓我非常激動。亞歷山大•達夫[18]（Alexander Duff）博士曾在印度擔任傳教士二十五年，傳講福音、建立學校。當他回蘇格蘭時，活力、健康和氣力已都耗盡了。愛丁堡大會還是讓他在會上發言，呼籲大家進入宣教領域。講了許久之後，他筋疲力竭，當場昏了過去。他們把他從大廳抬到一個房間。在醫生的看護下，他終於甦醒過來。當他意識到自己在哪裡時，他挺起身來，說："我還沒有講完；把我抬回去，讓我完成我要講的。"他們告訴他，如果他這樣做，會有生命危險。他說："即使我死了，我也要這樣做。"於是他們把他抬回了大廳。我的朋友說，這是他一生中見過的最莊嚴的場景之一。

人們攙著這位滿頭白髮的人進了禮堂。當他出現在禮堂門口時，全場的人都肅然起立。看著這位偉大的老兵，每個人的眼淚都不由自主地流了下來。達夫博士用顫抖的聲音說："蘇格蘭的父母們，你們真的沒有兒子可以送到印度為主耶穌基督作工嗎？求助的呼召聲越來越大，但鮮有人站出來回應。你們有足夠的宣教資金，多到可以把錢存進銀行，然而願去宣教場地作工的人在哪裡？當維多利亞女王要男子們自願參軍為她在印度的軍隊服務時，你們都很樂意獻出自己的兒子。你們不談在那裡他們會生病，或者惡劣的氣候條件。但當主耶穌呼召工人時，蘇格蘭卻在說，'我們沒有更多的兒子可以給出去了。'"

18　亞歷山大•達夫（Alexander Duff, 1806-1878），蘇格蘭傳教士。

他轉向大會主席說:“主持人先生,如果蘇格蘭真的沒有兒子可以在印度為主耶穌基督服務,儘管我在那片土地上失去了健康,假如沒有人願意將基督的事傳講給那些不信的人,那麼我明天就啟程去那裡,讓他們知道有一位蘇格蘭老人願意為他們而死。我會重回恒河岸邊,獻出生命,為神的兒子作見證。”

感謝神有這樣一個人。我們希望今天的人,如果需要,都樂意為神的兒子捨命。如果這樣,我們就能給世界留下深刻的印象。當世人看到我們是鄭重其事、言行一致的,他們的心就會被感動,我們就能帶領他們歸向主耶穌基督。

我並不贊同朱塞佩•加里波第[19](Giuseppe Garibaldi)的所有觀點,但我必須承認,我很欽佩他的激情。我從未在報紙或書中看到過他的名字,但凡能找到的所有有關他的信息,我都讀過。有關他的一些事讓我很激動。我記得讀到過他一八六七年在去羅馬的路上被關進監獄的故事。我讀過他寄給同伴的信。“若能讓羅馬自由,就是五十個加里波第關進監獄也值得。”為了意大利的自由得以實現,他將自己的安危置之度外。若我們對我們的主和祂的事工有如此的愛,無論付出何種代價,隨時準備好出去作工,可以確信主會使用我們來建立祂的國度。

我讀過一個故事,講的是九世紀的時候,有個人起來反對國王。國王手下有三萬大軍,當國王聽說這位壯士只有五百人,便派人傳話說,如果他投降,就寬恕他和他的追隨者。這位壯士轉向他的一名追隨者,說道:“把那把匕首插進你的

19　朱塞佩•加里波第(Giuseppe Garibaldi, 1807-1882),意大利將軍、政治家。

心臟。”那人立即將匕首按入胸中，倒地死在壯士腳下。壯士轉向另一個人，說，“從那斷崖跳下去。”那人二話不說就跳進了死亡之口。當眾人低頭往斷崖下看，只見那人在崖底被摔得四分五裂。然後，那壯士轉身對國王的使者說：“回到你的國王那裡，告訴他，我有五百個這樣的人。告訴他，我們寧願死也不會投降。告訴他，我將在四十八小時內把他和我的狗拴在一起。”

國王得到這個回音，就組織了他的軍隊來對付壯士，但國王心裡卻甚為恐懼。他的軍隊士氣之低落，竟如風中的糠秕一樣飄落四散。不到四十八小時，國王就被俘虜，那壯士將國王用鍊子跟他的狗拴在一起。當人們看到我們忠心耿耿為神所做的一切時，他們就會顫抖。男男女女會來探詢通往錫安的道路。

一場可怕的風暴正席捲而來，船上突然響起“船上有人落水啦！”的呼喊聲。隱隱可以看到一個人形抗拒著狂暴的風浪，勇敢地向岸邊方向遊，但那洶湧的海浪迅速地將掙扎的人卷離到更遠的地方。更令人心寒的是，在救生船放下之前，落水的人與船已相隔甚遠。在暴風雨的尖嘯和浪水的咆哮聲之上，落水者發出撕心裂肺的呼喊。這是一個心如刀絞的時刻。人人屏住呼吸，臉色蒼白，眼睛緊盯著這個拼命掙扎的男子。在這場生與死的搏鬥中，救生船上的船員們拼盡全力，奮力地向落水者劃去。可惜的是，他們所有的努力都無濟於事。一聲絕望的尖叫，落水者沉沒於浪中。此時，寂靜的人群中傳來一聲刺耳的叫喊聲。“救救他！救救他！”一個激動的男子衝進人群中間，瘋狂地揮舞著雙臂，喊道：“能救他命的人一千鎊！”但當他凝視著海面，目光所見之處，在那溺水者的地方，唯有海浪無情地翻騰。這位大聲叫喊，打破寂靜、靜止人群的人，既是船長，更是那溺水者的兄弟。這位船長的情懷，正是我們這群受命於拯救我們的偉大元帥的人所要擁有的。“救救他！他是我兄弟！”

事實上，人們之所以不相信基督教，是因為他們認為我們對基督教並不鄭重其事。在寫給哥林多人的同一封書信中，使徒保羅說，*你們就是我們的薦信，寫在我們的心裡，被眾人所知道所念誦的*（林後 3：2）。我從來不知道有過這樣的時候——即當基督徒備好鐮刀出去收割時，卻無大豐收可言。無論你把鐮刀帶到何處，都會發現地裡的莊稼已經成熟待割了。*要收的莊稼多，作工的人少，所以你們當求莊稼的主打發工人去收他的莊稼*（路 10：2）。真正的問題是收割的人實在是少之又少。

神需要的是人。這比光是有機構組織要強得多。一個人，或男或女，如果真的全心投入，他們不會要等到加入某個委員會後才行動。要是我看到一個人掉進河裡有溺水的危險，我不會等到我被分派到某個委員會後才去救他。許多人說他們不能為主作工，原因是沒有被正式委派。他們說：“這不是我的牧區。”

在我們最後一次訪問倫敦期間，有一天，我問一個人，他是否可以去諮詢室工作。他說，“我不屬於倫敦的這部分地區。”讓我們把整個世界看成我們的教區，一個滿地都是莊稼的田地。神若將任何人放在我們能影響的範圍之內，我們就應當跟他們傳講有關基督和天堂的事。世界可能會起來說我們瘋了，但在我看來，除非願意被世界認為是瘋了，否則沒有人適合為神服務。他們說保羅瘋了。我真盼望我們有更多的人像保羅那樣被瘋狂所咬。正如有人所說，“如果我們瘋了，我們有一個守護者在路上，一個美好的庇護所在路的盡頭。”

還有個大問題，就是人們來參加特別的複興會，最多兩到三個星期，期間一直如火上澆油，遺憾的是，最終油盡火滅。他們就像一捆刨花，上面澆著煤油——短時間內燃燒得很旺，但很快就燒盡了。我們需要的是自始至終保持熾熱的激情——日復一日，天天如此。

我曾經聽說有一口井，據說非常好，只是它有兩個不足之處。冬天會結冰，夏天會乾涸。真是一口非常特別的井！然而，我擔心，這樣的井很多。

很多的人在某些時候表現得很好。也許，最好是說他們“在某些場合”似乎表現很好。我們需要的是時時刻刻保持火熱。不要等在那裡，直到有人特意來找你。人們談到趁熱打鐵。我相信，是奧利弗•克倫威爾[20]（Oliver Cromwell）曾說過：“不僅要趁熱打鐵，還要打鐵生熱”。因此，讓我們如士兵一樣在崗位上保持警醒，很快，我們就會在主的事工中增長熱情。

讓我特別對主日學老師說幾句話。我敦促你，不要滿足於僅僅將孩子們指向主耶穌基督。很多老師只顧忙著播種，以為自己最終會有收穫，而現在並不期待收穫。我一開始也是以這種方式工作，只是多少年以後，我才看到只有極少數的人歸正。我相信神的方法，是我們應該一手播種，一手收割。這兩件事應該是並肩而行。

20　奧利弗•克倫威爾（Oliver Cromwell, 1599-1658），英國政治家。

認為孩子必須長大成人才能被帶到耶穌基督面前的想法是錯誤的。趁他們現在還年輕時就引導他們到基督面前，並一直留存到將來，那時他們可以成為社會有用的成員，成為父母、教會和世界的祝福。若要在他們成人以後才被引導到基督面前，他們中的許多人或許被拖入罪惡的巢穴，成為社會的詛咒，而不是祝福。

今天，整個基督教世界，跟主日學有關的問題是什麼？問題就在於，有很多人長大到十六歲左右時，就不再參加主日學了；這是我們最後一次看到他們。許多曾經是主日學學生的青年現在都呆在監獄裡。原因是只有極少數的老師相信孩子們在年幼時就可以皈依。老師們不努力帶領孩子們認識基督，而是僅滿足於播種而已。我呼籲各位老師依靠神的幫助來解決這個問題，若不看到全班學生都被帶入神的國度，絕不罷休。你若下定決心這麼做，三十天內，你必將見到神蹟奇事。

我清楚地記得我是如何醒悟過來的。我主管一所很大的主日學校，擁有一千名兒童。我對這些數字非常滿意。若能保持或超過這個數字，我就很高興。如果出席率低於一千，我就很懊惱。我的目標一直是如何來達到一定的數目。學校大廳的一角，是一班年輕女孩子，這班女孩子是全校最頭疼的。只有一個人能夠維持這個班的秩序。如果他能讓課堂保持安靜，這就謝天謝地了。我的腦海裡從未奢想過這班女孩子中會有人皈依歸正。

一個星期天，這位老師缺席了，為了維持課堂秩序，他的代課老師費盡氣力。週間，老師來我工作的地方看我。他看起來很蒼白，我問他出了什麼問題。“我的肺部出血了，”他說，“醫生說我活不了多久了。我必須放棄我的課程，回到我在紐約州喪偶的母親身邊。”說話間，他的下巴顫抖著，眼淚開始流了下來。他十分清楚他會回家等死。

我說：“你不怕死吧？”

“哦，不，我不怕死，但我會遇見神，可是我的主日學學生沒有一個悔改歸正。我該怎麼回答？”

當他覺得要交代自己的管理職責時，事情看起來就迥然不同。

我實在無語。我從未聽過有人這樣說話。我說：“要么我們去見學生，告訴他們有關基督的事。這樣行嗎？”

“我很虛弱，”他說。“太虛弱了，走路怕不行。”

我就帶他上了馬車，去了每個學生的家裡。他踉踉蹌蹌地穿過人行道，有時靠在我的胳膊上。他以名稱呼每一位女孩子，和她一起禱告，懇求她歸向基督。對我來說，這是一種新的體驗，使我對事物的看法煥然一新。當他用盡了所有的氣力後，我帶他回家了。第二天，他拜訪了班上的其他人。有時他一個人去，有時我和他一起去。十天結束時，他滿臉喜悅地來看我。他說：“我的最後一個學生把她的心交給了基督。我現在可以回家了。我已經做了我能做的一切。我的工作完成了。”

我問他什麼時候走。他說：“明天晚上。”

“在你走之前，我請這些年輕的朋友來個小聚會，再見面一次？”

他很喜歡這個主意。我就發了邀請，結果大家聚在一起都來了。到那時為止，我從來沒有過這樣的夜晚。我從未見過這麼多年輕的皈依者，在他和我的影響下被引導歸向基督。我們為班上的每一位成員、校長和老師祈禱。每個人都禱告。在很短的時間裡，這些孩子發生了多大的變化！我們試著唱歌，可惜唱得不太好。

祝福是那聯接的繩索
　將我們的心在基督徒愛中結合。

我們跟他道別，但我覺得我必須再去看他一次。第二天晚上，在火車出發之前，我來到車站，結果發現，在沒有任何預先計劃下，班上的學生一個個來和他道別。他們都在站台上。另外一些人也聚集在我們周圍——消防員、工程師、列車剎車員和列車長，還有乘客。那是一個美麗的夏夜，夕陽西下，我們一起唱著：

在這裡，我們再聚再散，
　當我們相遇在迦南美地，
在那裡，我們將不再分別。

火車開出站台，他站在車外的站板上，手指著天，說："我在那邊等你們。"然後他就從我們的視野中消失了。這十天完成了多麼棒工作啊！該班的一些成員是我們學校多年來最活躍的基督徒。他們中的一些人，今天是活躍在基督教禾場的工人。幾年前，我在太平洋沿岸工作時就遇到了其中的一位。

那年夏天，我們學校完成了一件蒙福的恩典的事工。它把我從單單視為職業的工作中脫離出來，讓我真正投身到主的事工中。若不是那十天的工作，我可能不會成為今天的佈道者。

讓我再次敦促主日學教師尋求學生的救贖。立定心志，在接下來的十天內，你將盡你所能帶領你的班級歸向基督。

父母們，除非全家人都被帶進神的國度，切切不可鳴金收兵。千萬別說主不會祝福這樣的奉獻。我們今天所要的是祝福和成聖的精神。願神將祂的靈澆灌在我們身上，使我們充滿神聖的激情。

第六章

滴水穿石

《出埃及記》二十五章1–9節，我們讀到：*耶和華曉諭摩西說：“你告訴以色列人，給當為我送禮物，凡是甘心樂意的，你們就可以收下歸我。所要收的供禮物，就是金、銀、銅、藍色紫色朱紅色線、細麻、山羊毛、染紅的公羊皮、海狗皮、皂莢木、點燈的油，並作膏油和香的香料，紅瑪瑙與別樣的寶石，可以鑲嵌在以弗得和胸牌上。又當為我造聖所，使我可以住在他們中間。製造照帳幕和其中的一切器具，都要照我所指示你的樣式。”*

我很高興神的這些話被記錄下來作為我們的指導。這些經文應該鼓舞我們所有的人，相信我們每個人都能參與建造天上錫安的城牆。歷代以來，神都樂於使用卑微軟弱的人和物。在《哥林多前書》一章27–29節中，保羅談到神使用的五種人：*神卻揀選了世上愚拙的，叫有智慧的羞愧；又揀選世上軟弱的，叫那強壯的羞愧。神也揀選了世上的卑賤的，被人厭惡的，以及那無有的，為要廢掉那有的；使一切有血氣的，在神面前一個也不能自誇。*

注意上面提到的五種人。神使用愚拙的人、軟弱的人、卑賤的人、被人厭惡的人，以及那無有的人。做什麼用？*使一切有血氣的，在祂面前一個也不能自誇*。當我們軟弱時，我們就會剛強。人們常常認為他們沒有足夠的力量。事實是，我們的自我力量太大了。惟有當我們覺得自己沒有力量時，我們才願意讓神使用我們、通過我們開展工作。我們若依靠神的力量，我們就強過世上一切的力量。

僅靠人的智慧是無法將福音傳遍整個世界的。當我們意識到自己沒有力量時，神所有的豐盛都將湧流在我們身上。然後，我們將與神和人一起擁有力量。

在《啟示錄》中，我們讀到，約翰在天堂看到一個景象時痛哭流涕。他看到一本嚴封的書卷，*因為沒有配展開、配觀看那書卷的*（啟 5：4）。亞伯，那位神人，不配打開它。以諾，那未嘗死味就升天的，不配打開它。以利亞，那乘著火車火馬飛上天的，甚至是摩西，那偉大的立法者，或以賽亞，或任何先知——都不配打開這本書卷。約翰看到這一幕，哭得稀里嘩啦。正當他哭的時候，有人撫摸他說，不要哭。*看哪！猶大支派中的獅子，大衛的根，他已得勝，能以展開那書卷，揭開那七印*（啟 5：5）。當他看這個猶大支派的獅子時，他看到了什麼？那獅子竟然是羔羊！神的獅子是羔羊！當我們像羔羊時，神就可以使用我們，而我們則能剛強地服侍祂。我們都會軟弱，不是嗎？既然如此，我們就倚靠神的大能吧。

基督在祂周圍呼召的所有門徒，在世人的眼裡都是軟弱的人。他們都是沒有級別、沒有頭銜、沒有地位、沒有財富或文化的人。他們差不多都是打漁的和沒有受過教育的人，但基督揀選了他們來建立祂的國度。當神要拯救以色列人脫離奴隸捆綁時，祂沒有派軍隊。祂派了一個孤單單的人。（參 出 3-14）所以，歷代以來，神都使用世上軟弱的人和物來完成祂的旨意。

不久以前，我讀到一個小插曲，它揭示了一個簡單小單張的力量。這件事是這樣開頭的，說是有個社團專門通過郵件分發小單張給在上層社會的人。其中一個小單張，名為“*準備迎接你的神*”。小單張裝在一個信封裡，郵寄給一位以生活糜爛、恣意行惡而聞名的先生。當那人收到這封信時，正在書房裡。他看了後說：“這是什麼，‘準備迎接你的神’？誰居然有膽給我發這種虛偽、道貌岸然的噱頭東西？”然後，他對那不知名的送信員說了一句髒話，起身要把小單張扔進火裡燒了。但隨後他打住了。“不，我不會那樣做，”他自言自語。“哈哈，我知道我該做什麼了。我要把它寄給我的朋友B_老兄。聽聽他會怎麼說，這將是一個不錯的笑話。”於是他把小單張裝在一個新信封裡，用了假筆跡寫了地址，寄給那與他生活趣味相同的伙伴。

B_先生收到小單張後，跟他朋友一樣，先罵了一通，接著，他的第一反應就是要把小單張撕碎。但後來他想，“我不會撕的。”那標題，*準備迎接你的神*，突然引起了他的注意，觸動他的良心。當他打開閱讀，一邊讀，一邊就有堅定的信念之箭進入了他的心，他結果皈依了。皈依後，他首先想到是那些他認識的不敬虔的人。“既然我領受了如此蒙福的亮光和真理，難道我不該盡力和別人分享嗎？”他把小單張折疊起來，裝在一個信封裡，然後寄給他的一位有罪的同伴。說起來很神奇，那支小箭又一次中了靶子。他的朋友讀了小單張後，也皈依歸正了。現在，他們兩個都像主已贖回的那樣行事做人。

《馬太福音》二十五章14-15節，我們讀到*天國又好比一個人要往外國去，就叫了僕人來，把他的家業交給他們；按著各人的才幹，給他們銀子：一個人給了五千，一個給了兩千，一個給了一千，就往外國去了。*

請注意，那主人是根據 *各人的才幹* 來給予。他給每個僕人的銀子（他連得，talent）[21]，是按僕人的管理才幹來分配。有些人抱怨自己沒有任何才幹，但其實我們每個人都有一定的才幹。我們只要管理好我們所擁有的，神就會賜給我們更多。八千銀子分配給三個人。主人給第一個五千，第二個給了二千，第三個給了一千。那人啟程遠出，僕人們完全明白，主人希望他們用銀子好好經營、以錢賺錢。神不是不講道理的。祂不會要求我們做我們不能做的事，而是根據我們的獨特能力給予我們，並希望我們使用我們所擁有的才幹。

我們繼續往下讀這篇經文，我們讀到：

> *那領了五千銀子的又帶著那另外的五千來，說：'主啊，你交給我五千銀子。請看，我又賺了五千。'主人說：'好，你這又良善又忠心的僕人，你在不多的事上有忠心，我要把許多事派你管理；可以進來享受你主人的快樂。'那領二千的也來，說：'主啊，你給我兩千銀子。請看，我又賺了兩千。'主人說：'好，你這又良善又忠心的僕人，你在不多的事上有忠心，我要把許多事派你管理；可以進來享受你主人的快樂。*（太 25：20-23）

21 英文Talent 有多种含义。圣经在这里是用来表示一种古代钱币，直译为"他连得"，和合本圣经翻译成银子。慕迪则用来表达双重意义：钱财和才干。

那個只分到兩千銀子的僕人也加倍了，他有了四千銀子。主人也對他說，好，*你這又良善又忠心的僕人；……可以進來享受你主人的快樂。*

那位僅分到一千銀子的僕人，如果將銀子拿來做投資，他將從主人那裡獲得與其他人完全相同的獎賞。但他乾了什麼？他把銀子放在餐巾紙裡，然後埋在地裡。他想，這就是他該照管這銀子的方法。

當那主人離家很久回來後，他將僕人們召來，看看他們怎麼照管分給的銀子。他從第三個僕人那裡發現了什麼？他有一千銀子，但僅此而已。

我曾聽說過一個故事，說是一個人有張一千美元的銀行票據，他把它藏了起來。他以為這樣的話，當他老了的時候就有所依靠。結果，他把票據藏了二十年，然後拿到銀行去兌現，只拿到了一千塊現金。如果他當時把它存入一個有息賬戶，按通常利息算，他有可能會有三倍的金額。他犯了今天整個基督教世界許多人所犯的同樣錯誤，即不用自己的才幹來事奉。我的經驗是，當我跑遍世界各地和自稱基督徒的人交往時，那些最會挑剔別人的都是最無所事事的人。如果一個人忙於提高神賜給他的才幹，他就會忙得不亦樂乎，哪有時間去指責，抱怨別人。

神給了我們許多事奉祂的機會，祂期望我們善用這些機會。我經常聽到人們說，“我有權做我想做的事”，因為他們認為時間和財產是屬於自己的。

有一回，有位朋友站在一位垂死的軍人的床邊，那軍人曾在成功的印度戰爭中擔任過重要指揮。他問軍人是否害怕死。那軍人立刻回答：“我不怕。我從來沒有傷害過人。”

朋友回應說:“如果你以軍官和紳士的身份被軍事法庭審判，我想你定會期待堂堂正正的無罪釋放?”一息尚存的老軍人直起身來，以他尚存的體力，呼道:“我想當然是這樣。”

“但你不是去軍事法庭。你要去基督那裡。當基督問你，‘你為我做了什麼?’你將如何回答?”

老軍人的臉色變了。他認真地盯著自己的朋友，痛苦地回答說:“*什麼都沒有!我從來沒有為基督做過任何事!*”

那朋友指出了一個致命的錯誤，那就是我們習慣自然地意識到人和人彼此之間的關係，而忘記了我們與基督和神的關係。錯誤在於以為只要不傷害，甚至對周遭的人行善，就可以代替為神而活。最關鍵的問題是:*你為基督做了什麼*?

數日後，朋友再次探訪老軍人，問道:“那麼，先生，您現在怎麼看?”

軍人回答說:“我是個可憐的罪人。”

朋友將他指向罪人的救主，不久之後，他以一個悔改的罪人離開了今生，安息在基督懷裡。若憑他以前所相信的那種虛假的平安終結生命，其結局將是多麼的可怕。然而，不少的人所信的正是這種平安，唯當他們站在基督的審判寶座前時，才發現自己被矇騙了。

若要將福音傳遍整個世界，我確信必須由擁有一般天賦的男男女女來完成。這個世界上擁有大才幹的人，畢竟是少數。某人有一項才能，另一位有三項。我可能只有一半的天賦。但是，若我們都將自己的恩賜用在作工、事奉中，主就會使我們興旺發達。我們的才能可以翻倍甚至翻幾倍。我們必須為主的事工激情振奮，隨時出擊，人人儘自己的才幹出力。我們越多地使用現所擁有的手段和機會，我們的能力和機會就會增加得越多。

思想一下這個東方寓言。有個商人要出國一段時間，給了他的兩個朋友每人兩袋小麥，讓他們照顧，直等到他回來為止。過了一些年，商人回來了，他要求見這兩個朋友。第一個朋友把他帶到一個倉庫裡，給他看了那兩麻袋小麥，可惜小麥全都發霉了，分文不值。另一個把他領到鄉間，指著一片又一片波浪般的麥田，說那都是兩袋小麥的生產結果。商人說："你真是一位忠心的朋友。給我兩袋小麥。剩下的全是你的。"

我曾聽到有個人說她想要確據。我問她成為基督徒多久了。回答說是已經好幾年了。我說："你在為基督做什麼？"

"我不知道我能有機會做任何事，"她回答說。

對這個時代自稱是基督徒，卻說找不到機會為基督作工的人，我深感遺憾。任何人，在本世紀認識主耶穌基督，卻說沒有機會為祂作見證，光存這種想法就是很荒謬的。誠然，只要他有心去做，無人需要跑很遠才能找到為主說話和作工的機會。*舉目向田觀看，莊稼已經熟了，可以收割了*（約 4：35）。如果你做不了偉大的事，你可以做一些小事。

不久前，有個人給我發了一頁單張，題為 *你手裡是什麼？* 我非常感謝他寄來的單張。這些話是神在呼召摩西下埃及，帶領以色列人脫離奴役時對摩西說的。你記得摩西是如何試圖為自己辯解的。他說他不善言辭——他這也不是那也不是——他不能去。像以賽亞一樣，他希望主差遣另外的人。最後，主對摩西說："你手裡是什麼？"他手裡拿著一根杖。可能是幾天前他想要一樣東西來趕羊，為此砍了這根杖子。他也許任何一天都可以得到一百個比這更好的杖。然而，他要用那根杖來拯救以色列人。神將祂的全能與這根杖結合起來，這就足夠了。

我可以想像，當摩西在前往埃及的途中，他可能會遇到他那個時代的一位哲學家或自由思想家，他們可能會問他要去哪裡。“下到埃及。”

“真的？你又要下到埃及去住嗎？”

“不是去住，我要帶領我的人民脫離奴役。”

“什麼！你要把他們從當今最強大的君主法老手中拯救出來？你以為你能從埃及人的權勢下解放三百萬奴隸嗎？”

“是的。”

“你打算怎麼做？”

“用這根杖。”

在那個埃及自由思想家的眼裡，這根杖一定是一件噁心的東西。用一根杖來救贖三百萬奴隸的想法！我們國家有三百萬奴隸，在他們獲得自由之前，有五十萬人獻出了自己的生命。在我們的奴隸獲得救贖之前，這個國家被精選的人已身亡歸土。

此處，一個軟弱孤單的人下到埃及，去和一位擁有生死大權的君主爭高低。他要將人們從奴役中解救出來，手裡有的就只是這根杖；但結果我們看到這根杖變得非常出名。當摩西要把瘟疫降給埃及時，他只需要伸出他的杖，瘟疫就佈滿全地。他只要一伸杖，尼羅河的水就變成了血。然後百姓到了紅海，要過去，他只單單舉起杖來，水便分開，百姓就可以在旱地上通過。當他們在曠野裡想要水喝時，他又舉起這根杖，擊打那堅硬的磐石，水就噴湧而出，百姓就喝了，神清氣爽。

（參 出 7，8，9，10，14，17）很明顯，這根不起眼的杖變得威武強大。但不是杖——而是摩西的神，祂謙卑自己來使用。

讓我們從這段歷史中吸取教訓。我們被要求使用我們擁有的——而不是我們沒有的。無論你有什麼天賦或才幹，都要把它們放在主的腳前。摩西拿出他所有的；我們看到他取得了多少成就。如果我們預備好說："我在這裡，我已準備好並願意被使用"，那麼主就會使用我們。祂會將祂的大能與我們的軟弱聯結起來，我們就能為祂做大事。

再來看看約書亞上去到耶利哥城的時候。如果你問以色列人用什麼來推倒這座城的城牆，那就只是幾隻公羊角。在耶利哥人的眼中，以色列人定是既可憐又可憎。這座城裡也許還有一些巨人。當他們從城牆上往外，看到以色列人吹著這些號角繞著城牆轉時，在他們眼裡，以色列人一定顯得非常渺小。但是神可以使用不起眼的東西，被鄙視的東西。不管公羊的角在人眼中多麼不起眼，以色列人還是按吩咐繼續吹。到了定時，城牆塌陷，城被攻占。以色列人沒有攻城撞車，沒有盔甲兵器，也沒有任何強大的武器。他們只是拿出他們有的東西，而神就用它來作工。（參書 6：1–21）

看看參孫出去面對一千個非利士人。他有什麼？只有*驢腮骨*（士 15：16）。如果神可以使用驢腮骨，祂肯定可以使用我們，難道不是嗎？若我們願意被使用，沒有一個人是祂不能使用的。

十年前我在英國時，我聽到一個蘇格蘭人說，在掃羅的軍隊中，也許所有人都相信神能使用他出去殺死迦特巨人。但是，只有單單一人相信神定會使用他。大衛出去對陣歌利亞，接下來，我們知道結果如何。

我們都相信神可以使用我們，但我們需要更進一步，相信祂定會使用我們。我們若願意被使用，祂就願意在祂的事工中使用我們。在歌利亞看來，大衛從溪中選出的光滑石頭簡直就是廢物。甚至連掃羅也要大衛佩戴他的全副武裝。大衛差點就這麼做了，但結果是拿著他的彈弓和五塊光滑的石頭出去了。迦特巨人倒在他面前。（參　撒上 17：31–50）讓我們以萬軍之神的名義，使用我們所擁有的，祂定會給我們勝利。

幾年前我在格拉斯哥（Glasgow）的時候，一位朋友告訴我一個露天佈道人的故事——他如今已與主同在了。一個星期天早上，這個人佈道的內容是關於珊迦。*以笏之後，有亞拿的兒子珊迦，他用趕牛的棍子打死六百非利士人。他也救了以色列人*（士 3：31）。他說：“我可以想像，當珊迦在田裡耕地時，有人從山上跑過來，上氣不接下氣地喊著：‘珊迦！珊迦！有六百個非利士人正朝你走來！’珊迦平靜地說，‘你跑吧。我能對付他們。他們尚缺四百人。’於是，他拿了一根牛鞭，擊殺了一些非利士人，把其餘的都趕跑了，以色列人就在自己眼前應驗了經上的話，一人*焉能追趕他們千人*，二人*焉能使萬人逃跑呢*（申 32：30）。”然而，如今大約需要一千人才能追到一個人，原因是我們沒有意識到自己是軟弱的，我們的力量是在於神。

我們要記住，今天和過往一樣，一個人能追一千個人。我們需要的是聖靈的力量，聖靈能使最軟弱的孩子在神的手中變得強大。取一座需要鬆土的山為例，一根鐵槓躺在那裡，還有一條小小的蚯蚓也在那裡。神把鐵槓放在一邊，用蚯蚓來鬆土。那就是神的方法。祂的意念非同我們的意念。祂的計劃亦非同我們的計劃。*我的意念非同你們的意念，我的道路非同你們的道路*（賽 55：8）。

我們說：“要是某人——那個富人或那個富婆——皈依歸正，那該能成就多少好事？”非常正確，但神可能只會從他們身邊經過，來使用某個可憐的流浪漢，讓他成為全地最偉大的善行工具。約翰•班揚，那貧窮的貝德福德補鍋匠，比他同代的所有達官貴人更有價值。神將他握在手中，他變得強大。他寫了那本美妙的書，《天路歷程》，風行各國，振奮了無數匱乏的心，為許多灰心喪氣的人歡呼。我們若願意被使用，神就會願意並等待使用我們。

我曾經聽一個英國人談起基督用五餅二魚餵飽五千人的故事。他說，基督也許只取了五餅中一個餅，掰出一塊，交給其中一個門徒去分。門徒剛開始分的時候，因為怕餅不夠，就只給了第一個人很小的一塊。但是在他分掰了第一小塊後，餅似乎並沒有變小。接下來，他掰分了更大的一塊，餅仍然保持原狀。他掰分得越多，餅就回增得越多，直到所有人都吃飽為止。

在他們開始餵飽眾人之前，一個籃子就可以裝下所有的食物。待眾人吃飽後，門徒們把吃剩下的零碎收拾起來，足足裝滿了十二筐。結束的時候比開始時多更多。讓我們認定把我們小小的餅帶到主面前，這樣祂就可以成倍地將其擴增。

你說你沒有多少才幹？沒關係，你就使用你所擁有的。我在基督的葡萄園裡作工的時間越長，我就越確信，許多人之所以無法為基督服務——被剝奪了為神工作的福份——是因為他們一心想做一些偉大的事情。要心甘情願做一些小事。請記住，當神在其中時，沒有什麼是小事。以利亞的僕人來見他，告訴他，說他看見一片雲，不過就像人的手掌那麼大。對以利亞來說，這已經足夠了。*以利亞對亞哈說："你現在可以上去吃喝，因為有多雨的響聲了。"*（王上 18：41）以利亞知道小雲會帶來雨水。我們為神所做的，沒有一件事是無足輕重的。

幾年前，我在我租居的家見到一位年輕女士。她告訴我，她在一個教會學校教下午的主日學。有一次，在我們下午的佈道會上，我看到這位女士坐在會場最前面。她一定很早就到了，才能找到這麼好的座位。佈道會結束後，我回到家，跟她見面說："我今天在會上看到了你。我記得你下午有課。"

"是的，我下午是有課。"

"你找人代課了？"

"沒有。"

"你有沒有通知校長你去不了？"

"沒有。"

"你知道誰來上了課嗎？"

"不知道。"

"你知不知道是否有人去上課？"

"恐怕沒有人，因為我在你的會上見到好多學校的老師。"

"你就這樣作主的事工嗎？"

"你知道，我只有五個小男孩。我想，有課沒課都一樣，無關緊要。"

只有五個小男孩？這五個小男孩中，可能就有約翰•諾克斯、衛斯理、懷特菲爾德、或班楊！你不知道這些男孩長大成人後會變成什麼樣子。其中一位也許成為另一個馬丁•路德。第二次宗教改革很有可能由這五個小男孩中的一個興起。為神和永恆來訓練這“五個小男孩”是一件至關重要的事。這樣的事工如開啟了湍流，甚至在你離世後，仍然潺潺流淌。

當衛斯理的母親為神和祂的國度培養孩子們時，她根本不知道將來會有什麼結果。看看僅從這源頭產生了哪些巨大的成果。據估計，今天有兩千五百萬衛理公會信徒，超過五百萬人傳福音。僅在美國就有十一萬專職的和鄉土牧師。每年每天就有兩座新教堂建造起來，衛理公會的事工正在這個偉大的共和國擴展。而這一切都是在大約一百五十年內完成的。母親們不要認為她們為神訓練孩子的工作是一件小事。在神的眼中，這很重要，結果可能是許多人在永恆中站起來稱他們是有福的。

我又想到另一位有十二個男孩的母親。這十二個男孩長大後都成為積極的基督徒。他們中有幾位是福音的傳道人，而這十二位都忠心耿耿於神的獨生子。在我們國家，鮮有女性比那位母親為國家做的貢獻更多。能與神的工作有份，與神同工，是一件很了不起的事。

尼加拉河（Niagara River）上有一座橋是屬於本國主要公路之一。每天每隔幾分鐘就有火車經過。當他們剛開始建橋時，做的第一件事就是拿了一個男孩子的風箏，用風箏把一根細線帶到河對面。看起來這似乎是一件很小的事情，但卻是偉大工程的開始。同樣的，如果我們帶領一個人歸向基督，光是永恆就能顯明這歸正的結果。你也許是拯救某個人的器皿，而這個人將來成長為世界上為神服務的最傑出的人之一。

我們也許做不了任何大事，但是，如果我們每個人都做一些事，無論事有多少細小，都將為神成就很多。多年來，我一直有一條規矩，每一天都絕不放過要與某人談論永恆的事。多年前我就養成了這個習慣，假如將我的餘生的每天奉獻給一個人，那我將會親自與 18,250 人交談（譯者：18250，如按一年365天來算，相當於五十年）。當然，這還不包括我公開佈道演講時所面對的那些聽眾。作為基督徒，我們經常和各種各樣的人見面，也就經常能將談話轉化成引導他們走向基督的道路。

我們身邊到處是勞苦沉重的心。難道我們不能幫助解除這些勞苦重擔嗎？我聽說有人把這個世界當作兩座大山——一座悲哀的山和一座喜樂的山。如果我們每天都從悲哀之山中取出一些東西，將其添加到喜樂之山中，那麼一年內將有很大的成就。

幾天前，我聽司布真先生[22]（Mr. Spurgeon）談起摩西去埃及之事。他說，當摩西告訴埃及法老，他將召青蛙瘟疫降在埃及這片土地上的時候，法老可能會說："你的神是青蛙之神，是不是？我才不怕它們。讓它們來吧。我不在乎青蛙！"

摩西說："王啊，它們的數目可是無數啊。"結果，法老發現確實如此。

我們個人也許是軟弱卑賤的，但基督徒人數眾多，分佈在各地，合起來可以成就大事。假定每個愛主耶穌的人，今天決心藉著神的幫助，在本週帶領一個人歸向基督。難道真有一個自稱是基督徒的人不能領一些人進入神的國度嗎？如果你做不到，那我要告訴你，你的生活肯定出了什麼問題。你最好馬上

22　查爾斯•司布真（Charles Spurgeon, 1834-1892），十九世紀英國浸信會牧師，佈道家。

把它理順。如果你對朋友或鄰居沒有影響力，那麼你生活中的某些東西需要糾正。願神今天把需要糾正的東西展示給你。

我實在不明白，為什麼一個基督徒男人或女人要活很多年，才能有幸帶領一個人走出這個世界的黑暗來進入神的國度。我也不相信，神所有的事工，都要由牧師和教會的神職人員來完成。直到神的孩子們清醒地認識到他們在世上有使命，這個失落的世界永遠無法被觸及、被恢復對神的忠貞。若我們是真正的基督徒，我們都應該是傳教士。基督帶著宣教使命從天而降，我們若有祂的靈在我們裡面，我們也將成為傳教士。若我們沒有心志使整個世界成為主的門徒——看到人們被帶回到神面前——我們的信心之路就有很大的問題。

如果你不能在老年人中間工作，你可以去到孩子中間工作。我們需要有基督徒，誰能夠親切善意地向男女孩子們談論他們的靈魂。這將是孩子們一生都會記住的事。他們也許會忘記講道或主日學的課，但若有人親自與他們交談，他們會說："那個男的或女的一定對我很關心，否則不會費心和我說話。"他們會醒悟到自己擁有不朽的靈魂這一事實，即便講道在他們頭上一掠而過，這小小的個人關懷和影響可以成為他們的祝福。

這種個人之間的交流完全符合聖經原則和教導。腓利被呼召離開、放下他在撒瑪利亞成績斐然的事工，去到沙漠中與一個人傳講福音。（參 徒 8：4-40）基督有關重生的談話是對一個人說的——尼哥底母。祂對尼哥底母說，*我實實在在地告訴你，人若不重生，就不能見到神的國*（約 3：3）。我們的主關於生命之水的精彩話語是在井邊對一位可憐有罪的婦人講的。我對那些不願意和單個人交流的基督徒深感羞恥。這些人不適合為神服務。如果我們不願意跟一兩個人傳講福音，就不會在世上為神成就太多。

另一件事，不要讓撒旦矇騙你：兒童們太小無法得救。當然，你不能指望把成熟的腦袋放在幼稚的肩膀上。你不能一下子把他們全變成執事和長老。但他們可以將年輕的心交給基督。

多年前，我在芝加哥負責一所教會學校。學校的孩子們大多來自父母不敬虔的家庭。我每周大約只有一小時帶領這些孩子，他們在那一小時學到的好的東西，如果有的話，在這一周內蕩然無存。我曾經想過，假如我成為一名公眾演說家，我會走遍世界各地，懇求父母思考為神和永恆來訓練孩子的重要性。

某個星期日，在我初到芝加哥時，我向教會會眾強調了這一點。我剛說完話，一個白髮蒼蒼的老者站了起來。我當時有點緊張，以為他會批評我說的話。相反，他說，“我支持這個年輕人所說的一切。十六年前，我在一個非基督教國家。我的妻子死了，留下了三個沒有母親的孩子。在她過世後的第一個星期天，我十歲的大女兒說：“爸爸，我可以像媽媽那樣，星期天把弟妹們帶進臥室和他們一起祈禱嗎？”我說可以。

“過了一段時間，當他們從房間裡出來時，我看到我的大女兒一直在哭。我把她叫到身邊說：‘內莉，出了什麼事？’

“她回答说，‘哦，父亲，我们走进房间后，我说了母亲教我说的祈祷词。然后[她的小弟弟的名字]，他说了母亲教他的祈祷。妈妈过去带我们进房祷告时，小苏西不祈祷，因为妈妈觉得她太小了。但是，这次当我们祷告完后，小苏西作了自己的祷告。当我听到她的祈祷时，我忍不住哭了起来。她合上自己的小手，闭上眼睛说：‘神啊，你带走了我亲爱的妈妈，我现在

没有妈妈可以为我祈祷。看在耶稣基督的份上，你能像妈妈一样祝福我，让我变得更好吗？阿门。’

“小蘇西提供了見證，見證她在四歲之前就將她年輕的心交給了神。十六年來，她一直在不信的異教徒中擔任傳教士。”

讓我們記住，神使用這些小孩子。威廉•米爾諾[23]（William Milnor）是一名貴格會教徒，後來成為費城傑出的律師，並連續三屆擔任國會議員。在他上次國會會議休會期間回到他家時，他的小女兒衝到他面前喊道：“爸爸！爸爸！你知道我會讀書嗎？”

“不知道，”他說，“你讀給我聽聽！”

她打開她的小聖經，讀到：*你要盡心、盡性、盡力、盡意愛主你的神*（路 10：27）。這話就像一支箭，射中了她父親的心，因為，這對他來說是一個嚴重的訓誡。*你從嬰孩和吃奶的口中，完全了讚美的話*（太 21：16），神的靈在他裡面運行。他退到他的暗室裡，一位來拜訪他的朋友發現他一邊在看一本小冊子一邊在哭，這是一本基督教小冊子，名為《奶農的女兒》（*The Dairyman's Daughter*）。雖然年僅四十歲，他卻為了福音事工放棄了政治和法律，在費城聖喬治教堂（St. George's Church）擔任牧師三十年，是受人尊敬的斯蒂芬•廷[24]（Stephen Tyng, 1800-1885）的前任。

親愛的父母們，讓我們本著單純的信心把我們的孩子帶到基督面前。今天，祂就如當年祂抱著孩子說，*讓小孩子到我這裡來，不要禁止他們；因為在天國的，正是這樣的人*（太 19：14）。

23 威廉•米爾諾（William Milnor, 1769-1848），曾任美國費城市市長。
24 斯蒂芬•廷（Stephen Tyng, 1800-1885），牧師。

我或許關愛有限，
　　定能祝福少許人；
慈愛耶穌賜給我，
　　充滿愛心的事工；
抹去眼中的淚水，
　　將微笑再次帶給
那愁苦疲憊的臉，
　　那充滿痛苦的心。

當我與他們同行，
　　向哀傷悲痛的人
訴說祂神聖之名；
　　對有罪絕望之人
傳講十字架的大能。
　　在那咄咄紛爭中
融入慈愛溫柔的話；
　　以滿懷永生的心念
安慰有病垂死之人。

　　——*瑪麗安•法寧厄姆* [25]（Marianne Farningham）

25　瑪麗安•法寧厄姆（Marianne Farningham, 1834-1909），英國基督教詩人、作家、聖詩作者。

第七章

“她所做的是盡她所能的”（可 14：8）

《馬可福音》十四章1–9節，我們讀到：*過兩天是逾越節，又是除酵節，祭司長和文士想法子怎麼用詭計捉拿耶穌殺他。只是說：“當節的日子不可，恐怕百姓生亂。”耶穌在伯大尼長大麻風的西門家裡坐席的時候，有一個女人拿著一玉瓶至貴的真哪噠香膏來，打破玉瓶，把膏澆在耶穌的頭上。有幾個人心中很不喜悅，說：“何用這樣枉費香膏呢？這香膏可以賣三十多兩銀子周濟窮人。”他們就向那女人生氣。耶穌說：“由她吧！為什麼難為她呢？她在我身上做的是一件美事。因為常有窮人和你們同在，要向他們行善隨時都可以，只是你們不常有我。她所做的是盡她所能的，她是為我安葬的事，把香膏預先澆在我身上。我實在告訴你們：普天之下，無論在什麼地方傳這福音，也要述說這女人所做的，以為紀念。”*

《約翰福音》寫到，*逾越節前六日，耶穌來到伯大尼，就是他叫拉撒路從死裡復活之處。有人在那裡給耶穌預備筵席，馬大伺候，拉撒路也在那同耶穌坐席的人中。馬利亞就拿著一斤極貴的真哪噠香膏，抹耶穌的腳，又用自己的頭髮去擦，屋*

裡就滿了膏的香氣。有一個門徒，就是那將要賣耶穌的加略人猶大，說："這香膏為什麼不賣三十兩銀子周濟窮人呢？"他說這話，並不是掛念窮人，乃因他是個賊，又帶著錢囊，常取其中所存的。耶穌說："由她吧！她是為我安葬之日存留的。因為常有窮人和你們同在，只是你們不常有我。"（約 12：1-8）。

這是我們對伯大尼的馬利亞和馬大一家最後一瞥。這事發生在基督生前在地上的最後一周，也是有關基督和那個可愛家庭之間對話的最後記錄。

談到馬大和馬利亞，有人說："她們都是耶穌所鍾愛的，她們也都愛祂——但她們很不一樣。一個是眼見祂倦乏就服侍祂。另一個則信靠祂的完全信實，從祂那裡得著。主悅納，認可馬大的事奉，但主不允它干擾馬利亞與主的交通。馬利亞知道主的心意。她與祂有更深的交通。她的心緊緊地抓住祂。"

我想特別提請你注意《馬可福音》第十四章中的一句話。*她所做的是盡她所能的*（可 14：8）。如果有人到耶路撒冷通報說，在那個值得紀念的日子，伯大尼將發生一些事情，這些事將比羅馬帝國和所有古往今來的君主更為長存，耶路撒冷將會滿城沸騰。那天，人們將峰擁前往伯大尼去目睹即將發生的事情——奇蹟居然能如此長存。馬利亞根本沒有想到她的見證將比帝國和王朝更為長存。她從未想到過自己。愛不為自己著想。然而，基督怎麼說？*普天之下，無論在什麼地方傳這福音，也要述說這女人所做的，以為紀念*（可 14：9）。

這一聖經記載已被翻譯成三百五十種不同的語言，今天，凡天下的每個國家都有流傳。這個故事每天都在印刷出版。僅倫敦的一個社團，每天每個工作小時都在開印刷機，印刷出五百份有關這個伯大尼的愛的見證。它正被傳播到地球的各個角落。只要神的教會存在，就會被傳講。馬太講了這件事，約翰和馬可也記載了它。

人們刻意尋求建立自己的紀念碑，好在他們死去之後仍然存在。這個婦人從沒想過這些。她單單想把她的愛傾注在基督身上。然而，這愛的作為生生不息，只要地上有教會存在，過去、現在和將來，永不止息。和一百年前相比，今天更為清新感人。事實上，它從未像今天這樣廣為人知。

儘管馬利亞做這事的時候，除伯大尼之外，她鮮為人知，但現在她所做的事已為全世界所知。君王來來去去，帝國崛起崩潰。埃及，及其古老的榮耀，已經一去不返。希臘，及其智者、偉大的哲學家、和鬥士幾乎被遺忘。輝煌的羅馬帝國亦如過眼雲煙。那些被埋在金字塔里的人，那些精心保存的埃及的木乃伊，我們根本不知其名，然而，這謙卑婦人的記錄依然激勵著人們。

就是這位婦人，對她的記念遠比凱撒、亞歷山大、居魯士和古代所有的偉大勇士都要長久。我們不知道在世人眼中，她是否富有、美麗、才華橫溢或偉大。我們所知道的，是她愛我們的救主。她拿起那瓶珍貴的香膏，打開瓶，把香膏澆在基督的身上。有人說，這是基督收下的唯一沒有轉送出去的東西。在世人眼中，這只是一件小事。如果當時有每日時報，有耶路撒冷的記者一直在找亮點新聞報導給那裡的市民，他也許不會認為這事有新聞價值。然而，它的影響力已遠超過那個世紀所發生的一切，當然，除了基督生前所教導的，以及與基督生平有關的其他事件。馬利亞在她的心中和信心中都充滿基督。她愛祂，並付諸於實際行動。

感謝神，我們每個人都能愛基督，都能為祂做點事。很可能是一件微小的事，但無論是什麼，事無鉅細，都將永存。它將比地球上所有的紀念碑更長久。鐵和花崗岩會生鏽，碎裂，漸漸消失，但為基督所作的任何事都不會消失。它將遠超過時間本身。基督說，*天地要廢去，我的話卻不能廢去*（路 21：33）。

再來看看聖殿裡的那個寡婦。基督站在那裡，見經過的人們將捐項投入庫房。寡婦只有兩個小錢，她把它全投了。主看到她的心全投在那兩個小錢裡面，所以祂就稱讚她。如果某個貴族投了一千美元，基督也許不會注意到他，除非他的心也一起投了進去。黃金在天上價值不大。那裡黃金非常豐富，他們用它來鋪路，而且是透明的黃金，比我們這個世上的黃金要珍貴得多。只有當心與捐項一起奉獻時，才會被基督接納。因此，耶穌說，*我實在告訴你們，這窮寡婦投的比眾人還多*（路 21：3）。她所做的是盡她所能的。

我認為，這是我們要從這些聖經記載中學到的功課。主希望我們儘自己所能來作工。我們人人都可以做點什麼。在我們南方的某個城市，南北戰爭剛開始時，一些基督徒聚集在一起，討論是否能在該城一個無人關顧、窮人住的地方建造一座教堂。討論完後，他們想看看能從會眾那裡籌到多少捐款。

一個接一個，人人都答應捐給一定數額的錢，然而，總數合起來只達到所需金額的一半左右。他們差不多決定只好放棄這個項目了，就在此時，一位坐在會堂後面的洗衣婦站起來，說她的小男孩在一周前去世了。小男孩留有一個金元。她說："這是我僅有的，但我會把這錢捐給這項事工。"她的話觸動了很多人的心。那些有錢的人對自己的付出感到羞愧，結果，在很短的時間內，全部金額都籌集到了。我曾在那個教堂講過道，今天，該教堂是那偉大城市的福音中心。這個貧窮女人做了盡她所能做的。而且她所付出的，從分量來說，比城裡任何人都多。

八年前，我們在倫敦時，冀望對這座城市一家一戶的來傳福音。我們呼籲志願者去到家中拜訪，並邀請人們來參加佈道會。站出來的志願者當中，有一位八十五歲的老太太。她說她要在回天家之前為主多盡一點力。她要了一個街區，挨家挨戶，將請柬和傳單分發給人們。我想，她現在已回天家得獎賞，但我永遠不會忘記她。她做了盡她所能做的。如果每一個基督徒男女都能像馬利亞那樣，那將有多少人可以被觸摸、祝福!

多年前，當伊利諾伊州（Illinois）還是一個很年輕的州時，人煙稀少，僅少數移民分散定居在該州的大部分地區。這些住民中有一位常常在星期天打獵和釣魚的人。他是一個桀驁不馴，出了名的惡人。有意思的是，他的小女兒到一所原木搭建的校舍上主日學校。在那裡，她被引導進入神的國度。當她悔改歸正時，老師告訴她如何被神使用對他人行善事，她首先想到從她父親開始。

其他人都曾試圖傳福音給這人，但都失敗了，他自己的孩子倒是對他影響很大。經上記著，*小孩子要牽引它們*（賽 11：6）。結果他答應女兒去參加會議。他來到主日學校門口，但一開始並沒有進去。他很小的時候曾上過學。但有一天，一幫男孩子嘲笑他，因為他語言上有一點障礙。打那以後，他決定再也不回學校了，結果，他成了個文盲。

然而，他現在被女兒說服去主日學校。進了學校之後，他聽說了基督，接著，就皈依歸了神。他的小女兒幫助他，其他人也幫助他。很快，他學會了閱讀。這個人現在已經過世了，召回天家得獎賞。但大約兩年前，當我最後一次見到他時，他已經在西部大草原上建立了一萬一千到一萬二千之間的主日學校。除了這些分散在各地的主日學校外，教堂也如雨後春筍般呈現。從他建立的這些小小的宣教學校，現已發展到數百個生機勃勃的教會。他曾經有一匹主日學校的馬，他稱它為"羅伯特•雷克斯"[26]（Robert Raikes），他騎著這匹馬全地區上下到處跑，到那些尚未為基督做任何事的偏遠地方建立主日學校。他過去經常把父母們召集到校舍裡，講述他的小女孩是如何帶領他歸向基督的。我聽過很多演說家的演說，但從未聽到過像他那樣能打動聽眾的。當他為基督說話時，他講話毫無障礙。相反，他有著從天而來的口才和激情。那個小女孩做了盡她所能做的。她花了一整天的時間將父親帶領到救主面前。

我們每個人都可以做一些事。只要我們願意做我們所能做的，主就會使用我們；成為祂手中的器皿，任祂使用，是一樁很偉大的事。

我記得幾年前，在報紙上讀到奧地利維也納某劇院著火時，其中一個過道裡，有個人正急著往外跑。許多人拼命找出路來逃離火災，但四周漆黑一團。這個人的兜里只有一根火柴。他把它點燃了，結果，就憑這根火柴，他救了二十條生命。他做了盡他所能做的。

26　羅伯特•雷克斯（Robert Raikes，1736-1811），英國慈善家，主日學創始者。

你認為你不能做很多事嗎？你若成為拯救一個靈魂的渠道，你就在拯救一百個靈魂上有貢獻。十年前，我們在英國的時候，在我們事工的城市裡，有個女士激起為主作工。感動她的正是這節經文：她所做的是盡她所能的。作為一個多年的名義上的基督徒，她覺得自己在這個世界上沒有什麼特別的價值。恐怕這就是許多名為基督徒的男女的狀況。現在，她前後左右在她周圍看看能做什麼。她決定為那個鎮上失落的姐妹們做點什麼，然後走出去，開始親切地和在街上遇到的失落女性們交談。她租了一間屋子，邀請她們來那裡見她。

大約一年多前，當我們再回到那個城市時，她已挽救了三百多名流落街頭的失落青年女性，讓她們重返自己的父母和家園。她現在與她們中的許多人通信。想一想，通過一個女士的努力，有三百多位姐妹從罪和死亡中重獲新生。她做了盡她所能做的。這是多大的收成！當她聽到主說：*幹得好，你這又良善又忠心的僕人*（太 25：21），她該有多高興！

我曾聽說有個男子，住在某家醫院，從鮮花使命（Flower Mission）收到了一束鮮花。看著那美麗的花束，他說：“要是我知道一束花可以為一個人帶來這麼多的好處，待我身體好了，我定要親自送花給病人。”倘若人們知道如何讓孤獨的心振作起來，重振低落的精神，或者，說一些能有持久影響的話，他們定會去做。若要讓福音傳遍大街小巷，上至閣樓，下到地窖，我們都必須親自參與這項事工。正如我所說，如果我們每個人都盡力而為，就會有一大群人湧入神的國度裡。

在闡明培養奉獻精神的福祉時，費城的牧師，威利茨博士（Dr. Willets）用了以下優美的文字來表達：

“看那遠處山上，那小泉從地裡涓涓而出的水，像銀線般閃耀在茂密的樹林裡，歡快得如鑽石般閃閃發光。它叮叮噹當，揣著向河流的敬禮，急匆匆地前行。瞧，它路經一個靜水池，池子向它打招呼。'你去哪裡，小溪師傅？'

"'我端著神給我的這杯水去到河那裡。'

"'啊呀，你真是太蠢了。在夏天結束之前你會需要這杯水。春天的天氣一直異常，我們將有一個炎熱的夏天來補上。到那時你會乾涸的。'

"'這樣吧，'小溪說，'如果我將這麼快死去，趁著還有一些日子，我得趕緊好好乾活。假如我因酷熱而失去這個寶藏，趁著我還有它，應該好好利用。'接著，它就帶著祝福和歡快，昂首而去。那池子一笑，對自己的高瞻遠矚頗為得意，然後就死死地守著自己的所有資源，不讓一滴水被偷走。

"很快，仲夏的熱浪襲來，落在小溪上。然而，樹木蜂擁在小溪旁，在這逆境的日子裡，伸出遮蔽的樹枝，因為小溪給它們帶來了活力和生命。陽光透過枝椏窺視，它那帶著酒窩的臉上頗為自喜地笑著，彷彿在說'我無意傷害你'，鳥兒啜飲著那銀色的浪珠，唱著頌歌。

"花朵朝著小溪的心田散發出芬芳，當農夫看著那一道道青翠美景，就是那小溪在他的田野和草地上經流之處，他的眼裡閃爍著喜悅的光芒，就這樣，小溪繼續前跑，把福祉賜給所經之處。

"那小心翼翼的靜水池在哪裡？可悲的是，在它那自耀的靜止中，它變得病泱泱，瘴氣籠罩。地裡的野獸只碰了一下嘴，滴水未沾便轉身離去。微風住腳，誤吻了它，冷嗖嗖地縮了回去。接觸中微風染上了瘧疾，結果將疾病傳播到整個地區。居民們得了瘧疾，不得不遠離此地。最後，甚至連蛤蟆也把毒液噴在池子裡，然後棄之而去。出於對人類的仁慈，上天對它吹更強烈的熱氣，把它吹得池底朝天、乾枯龜裂。

“難道那小溪沒有耗盡？當然沒有。神一路眷顧到底。小溪把滿滿的杯子傾入河裡，河水把它帶到海裡。大海歡迎它，太陽在海面上微笑。大海高噴浪花來迎接太陽，雲朵接住浪花，風如待命一發的駿馬，套住雲彩的戰車，奔馳而去——來到那座正是小噴泉誕生的山上。它們在那裡將滿溢的杯子斜傾，將感恩的洗禮傾注在地。神確保這條小溪，縱然流淌得如此充沛、如此自由，卻永不干涸。倘若神如此地祝福溪流，若你白白地接受，也白白地給出，祂豈不祝福你嗎？確信祂必定賜給。”

一位有錢人家的年輕女子被送到一所時尚的寄宿學校。學校裡，其中一位教師是真正的基督見證人。她尋找機會來傳福音給學生。當這位有錢有勢的小姐進了學校後，這位老師就立志要贏得她歸向基督。她做的首件事就是和她交朋友。

讓我在這裡直說，除非人們愛我們，不然對他們，我們不會有太多影響。這位老師贏得了學生的心，就開始和她談基督，而且很快就贏得了她對救主的心。然後，她沒有像許多人那樣放棄繼續跟進，而是向她展示為神作工的權柄。她們一起同工，成功地使學校裡的許多青年女士信主。當那學生嚐到事工的滋味後，她對世界就不再眷戀。任何一個抓住世界不放的基督徒，你只需要投入到主的事工中，很快，世界就會離開你。而你不會離開事工，因為你擁有比世界更美好的東西。

對那些老是問是否必須放棄這件事和那件事的基督徒，我深感遺憾。當你嚐到為主作工的滋味時，你就不會這麼問了。然後，你就會擁有世界無法給你的東西。

當這位青年姑娘畢業回家後，她的父母急於讓她進入世俗社會。他們舉辦了許多聚會，但令他們大吃一驚的是，她對這些聚會不感興趣。她渴望別的東西。她去了她所在教會的主日學校，要求校長給她一個班。但是，校長說老師現在已經過剩。

她努力了好幾個星期，想為基督找點事做。有一天，她走在街上，看見一個小男孩從鞋匠舖裡跑出來。有個人追在後面，手裡拿著一隻腳的木模。那人瘋追著小男孩。當他意識到自己無法抓住那孩子時，他就把模具向那孩子扔去，直打在那孩子的後背上，但這男孩還是不停地跑。當鞋匠揀起模具回店時，這男孩才停下來，然後哭了起來。這一幕觸動了這位年輕女士的心。當她走到男孩身邊時，她停下腳步，和藹地跟他交談。

"你去主日學嗎？"

"沒有。"

"你去學校嗎？"

"沒有。"

"你為什麼哭啊？"

他以為她會取笑他，就說這不關她的事。"但我是你的朋友，"她說。他不習慣有這樣的年輕女士和他說話。起初他怕她，但最終她贏得了他的信任。最後，她請他來上主日學。

"哦不，"他說。"我不喜歡學習。"他說他不會來的。

"我不會要求你學習，"她說。她告訴他，她會講一些美麗的故事，會一起唱歌。最後，他答應了。倆人約定星期天早上在某條街的拐角處會面。

她不確定他是否會遵守諾言，但她在約定的時間到了會面處——結果他也在那裡。她把他帶到學校，找到校長說："你能給我一個地方，讓我可以教這個男孩嗎？”這小男孩沒有梳頭，還光著腳丫。學校裡沒有像這樣的孩子。校長看著他，說不知道能把他放在哪裡。最後，他把他安排在一個角落裡，盡可能遠離其他人。在那裡，這位青年女士開始瞭如天使們樂意做的工作。

男孩子回家告訴母親，說他如同是在天使當中。他母親得知他去了一所基督教學校，就下令他不能再去。父親得知後，就威脅他，說凡去一次學校就要挨一次打。然而，男孩在下個週日又去了，父親就揍了他。每次去，可憐的孩子回家後就挨父親打。最後，男孩子對父親說：“我真希望你在我去學校前打我，這樣我就不會在學校裡老想著這件事。”你讀到這裡笑了，但讓我們記住，溫柔和愛可以化解那出自硬如石心的對抗。這些小鑽石將在救主的冠冕上閃閃發光——只要我們把他們找出來、將他們拋光。我們不能製造鑽石，但我們能將鑽石拋光。

那父親意識到毆打不能阻止兒子上學，就說：“如果你放棄主日學校，我每星期六下午都讓你玩，或者你可以擺攤，賺到的錢都歸你。”男孩去找他的老師說：“我在想，如果你能安排星期六下午見我，那我們在一起的時間就會比星期天更長。”我不知道，是否有一位富有的年輕女士正在讀這本書，她將會放棄週六下午的時間來教導一個可憐的小男孩進入神國的道路。這位老師說她很樂意這樣做。要是有人星期六來找她，她總是在忙著教這位小男孩。沒過多久，光就進入男孩黑暗的心靈，改變了他的生活。她給他買了一些好衣服，對他十分關愛。她成了他的守護天使。

有一天，他在火車站擺攤子。他站在站台上，靠在一輛軌道車上。當車引擎突然啟動時，他的腳打滑，摔倒在火車下面。很不幸，火車從他的腿上碾過。醫生來了，男孩問的首件事就是："醫生，我能活著回家嗎？"

"哦不，我的孩子，你快不行了。"

"你能告訴我的父母，我死時是一個基督徒嗎？"

難道，這老師沒有因她的工作得到豐厚的報酬？當她去天堂時，她不會陌生。那個小男孩必等著迎接她。

帶領一個人從罪惡的黑暗進入福音的榮光是一件偉大的事情。我相信，若有一位天使從地上飛到天堂，說有一個衣衫襤褸的貧窮男孩，沒有父母，無人照顧，無人教導他如何生活——如果神問谁愿意下到地上，在那裡生活五十年，帶領這個孩子歸到耶穌基督那裡——天堂裡的每個天使都會踴躍報名前往。甚至加百列（Gabriel），那和全能者同在的大天使（大天使　-　譯者加添），也會說："讓我離開我崇高的地位，讓我有幸帶領一個人歸向耶穌基督。"沒有什麼比在神手中作為器皿，帶領一個人走出撒但的國度，進入天上榮光有更大的榮耀了。

我在我的聖經裡寫了這句格言，我把它推薦給你：

盡你所能行善，
　　向所有人行善，
想盡辦法行善，
　　一生都在行善。

如果我們每個人都立即投入為神作工，且一年三百五十六天，天天如此，就能成就極大的工程。讓我們能以切切實實地體現自己的一種方式來生活：我們所做的是盡我們所能的。

第八章

“誰是我的鄰舍呢？”（路10：29）

毫無疑問，你經常讀到有關好撒瑪利亞人的故事。在這個比喻中，基督特別注重四個人。祂如此生動地描繪了這幅畫，以至於世界永遠不會忘記。很多時候，當我們讀到聖經故事時，這些故事沒有觸動我們的心，用不了多久，我們就把主要我們學習和記住的功課忘得一干而淨。

我們發現，當基督在地上時，老有那麼一群聚在祂身邊的人，接二連三地對祂所說所做的一切挑剔質疑。在本例中，有一位律法師來問基督，他該做什麼才能承受永生。我們的主告訴他要遵守誡命——全心愛主，愛鄰舍如同自己。律法師接著問，*誰是我的鄰舍呢？*基督告訴他，他的鄰舍是誰，以及如何愛他的鄰舍。

在我看來，我們在尋找“誰是我們的鄰舍”已經很久了。我想，在好撒瑪利亞人的比喻中，基督非常清楚地教導我們，任何男男女女，凡需要我們的愛和幫助的——無論是物質的還是靈魂的——都是我們的鄰舍。我們若能為他們提供任何服務，我們都是以主的名去做。

在這個比喻的開頭，我們看到兩個人。這兩個人都路過一個急需幫助的人。那人落在強盜手中，被剝光了衣服，受了傷，扔在那裡等死。從耶路撒冷到耶利哥那條路下來的第一個人是祭司。當他沿著大路走，他聽到了一聲痛苦的呻吟。他瞧著這個不幸的人，看得出這個正在遭罪的人是個猶太人。或許這祭司在安息日曾在聖殿裡見過這人。可是，現在他不在自己的管轄區內。他的工作是在聖殿裡，此時此刻，已經完工下班了。他還是一位專業人士，已經完成了所有要求他做的事情。他急於下到耶利哥。可能他們要在那里新開一座猶太會堂，他要致開幕詞。一件非常重要的事情；當然啦，他不能止步來幫助這個躺在路邊的可憐的受傷者。於是他就繼續往前走。

也許他一邊走，一邊自我安慰："我很納悶為什麼神竟然允許罪進入這個世界。很奇怪，人類竟會下賤到這種墮落的狀態。"或者，他的想法可能又轉個彎。他也許對自己說，待他到了耶利哥，他會成立一個委員會來照顧這些不幸的兄弟。他會捐贈一些錢作為費用。或者，他會盡力、僱一名警察去抓那幫剝光那人衣服的強盜。但是，所有這段時間內，他壓根兒沒有想到路邊那位垂死的受傷者，此時此刻，正哀哭著要水喝。

在那人躺著的地方附近，也許有一條湍流的小溪，可惜那人無法走到小溪旁。然而，這位祭司卻沒有停下來拿一杯水給他喝。祭司的宗教全裝在腦袋瓜裡，從未觸及到他的心。他腦袋裡的一個念頭就是責任，責任。當他完成他認為是自己的職責時，覺得他的工作已經完成。但神要的是心靈的事奉。若我們不以心靈事奉祂，就根本談不上有任何服事。

接下來，我們讀到一個利未人沿著路走來，路邊仍躺著那位無助的受傷的人。當利未人經過的時候，他也聽到了那人悲痛的哀哭。他轉過身來，看了看那個可憐的傢伙，看出那人是亞伯拉罕的子孫——一位猶太兄弟。但他也要趕緊前往耶利哥。他也許要為新建的猶太會堂開幕典禮幫忙。或許，那裡會有關於“如何和群眾打成一片”的大會，他將幫助討論這個話題。我注意到，現在很多人會去參加一個大會，就這個話題談論幾個小時，但要去和群眾接觸的時候，他們連一隻手都不願伸出去。

這利未人也可能轉了念頭。他對自己說：“我要看看能否經立法機構通過一項法案，以防那些小偷搶劫和傷害人。”有些人認為能以立法使人回歸神——通過立法來防止犯罪。像祭司一樣，這個利未人一步都沒有停下來，連一滴水都未給那可憐人解渴。他從未想到包紮那人的傷口，盡可能幫助他。他沿著大路走過，嘴里大概嘟嚷著“我真憐憫那個可憐的傢伙”之類的話。今天，我們看到很多這樣的憐憫，但僅僅是掛在嘴邊，而不是來自內心。

下一個沿著那條路走下來的是撒瑪利亞人。在那些日子裡，猶太人不跟撒瑪利亞人講話。對一位正統猶太人來說，有後者在場被認為是一種玷污。猶太人從來不進討厭的撒瑪利亞人的房子。猶太人不會在撒瑪利亞人的飯桌上吃飯，也不會從撒瑪利亞人的井裡喝水。更不允許撒瑪利亞人來到他的屋簷下。甚至，沒有一個虔誠的猶太人會跟撒瑪利亞人作買賣。你要知道，一個猶太人如果不和某人做生意，那麼他對這個人的看法肯定相當糟糕，不然的話，他有從那人身上獲利的指望。

不僅如此，猶太人還相信撒瑪利亞人沒有靈魂——他們死後也就湮滅了。他們的墳墓挖得很深很深，以致在復活那一天的早晨，即使加百列的號角聲也無法喚醒他們。撒瑪利亞人是天底下唯一不能成為猶太信仰的皈依者和成為猶太家庭成員的人。無論今生還是來世，他們的悔改都被否定。即使一個撒瑪利亞人信奉猶太教，猶太人也不會和他有任何往來。猶太人就是這樣看待撒瑪利亞人的，然而，基督卻用被猶太人鄙視的撒瑪利亞人，來教導這些內心苦毒的猶太人愛鄰舍的功課。

在這個比喻中，出現了第三個人。一個撒瑪利亞人。經文說祭司*碰巧* 從那裡下來——偶然的，但沒有說撒瑪利亞人是偶然下來的。他其實代表了我們的主和師傅。我們被告知，他來到那個可憐的受傷者躺著的地方，從他的牲口身上下來，彎腰在受傷者的身邊。他看了看他，發現他是個猶太人。假如把他們的角色換個位置，他很可能會說："為你服務？我真指望小偷把你直接給殺了。我不會動一根手指頭來幫助你，你這個下流討厭的撒瑪利亞人。"然而不是。他連一句批評責備的話都沒有。

讓我們從中吸取教訓。你認為酒鬼需要有人來譴責他們嗎？世界上，只有自己譴責自己是最有效的，他人的譴責都無法相比。他們真正需要的是同情——慈愛、溫柔和良善。這個撒瑪利亞人沒有從口袋裡掏出手稿，為傷者作一篇長篇佈道。有些人似乎認為，世界唯一需要的就是大量的佈道。事實上，今天的佈道之多，幾乎能將人窒死。我們要的是更多地用我們的行動（或：我們的手和腳）來佈道——用善行將福音傳給人們。

他也沒有向這個可憐的猶太人作長篇大論，竭力證明科學比宗教好。沒有連篇累牘地解釋地質學可以為這位受傷的人帶來什麼好處。那可憐人需要的是同情和幫助。因此，好撒瑪利亞人做的首件事就是往受傷人的傷口上倒油。我們中間有多少受傷的人需要憐憫和同情的油，但眾多基督徒總是隨身攜帶一瓶醋，無論什麼場合都會拿出來用。

撒玛利亚人兴许对那个人说：“你为何不呆在耶路撒冷？什么事让你走这条路，带来这么多麻烦？”有的时候，类似的话会说给某个来到城市后卷入麻烦的青年。他们会用诸如此类的话来训斥：“你为什么离家来到这个邪恶的城市？”

若是以這種方式，你就把自己置於他人之上，永遠不可能接近人，為他人行善事。你必須降到他們的地位，進入他們的悲傷和煩惱。看看這個撒瑪利亞人是如何行路來到那裡，他沒有教訓那受傷人，而是把醫治的油倒在那人的傷口上。

以下是《路加福音》第十章30-37節提到撒瑪利亞人的十二件事. 至於祭司和利未人所做的一切，我們可以用一句話來概括、駁斥——*他們什麼也沒做*。

1. *惟有一個撒瑪利亞人行路來到那裡*（第 33 節）。
2. 他*看見了他*（第 33 節），沒有像祭司那樣從另一邊過去了。
3. 他*就動了慈心*（第 33 節）。我們若想成功地贏得靈魂，就必須對迷失的和正在走滅亡之路的人有惻隱之心。我們若冀望獲得他們的愛，為他們行善事，就必須己飢己溺，深感他們的悲傷和煩惱。

4. 他*上前*（第 34 節）。利未人更是走到靠近那受傷人的地方，但他和祭司一樣，從另一邊過去了（31-32 節）。

5. 他*包裹好了*（第 34 節）。也許那撒瑪利亞人不得不撕下自己的衣服才能把傷口包紮起來。

6. *上前用油和酒倒在他的傷處*（第 34 節）。

7. 他*扶他騎上自己的牲口*（第 34 節）。你不覺得，這個可憐的猶太人看著撒瑪利亞人，心裡一定懷著感激和溫情？因為他騎在牲口上，救他的人倒是在他身邊走？他心中對撒瑪利亞人所有的偏見，在他們未達目的地之前，就已蕩然無存。

8. 他把他*帶到店裡*（第 34 節）。

9. 他去*照應他*（第 34 節）。當我聽到倫敦某個區的一名基督徒工人在會議上遇到一個嗜酒如命的人的故事，我非常感動。那基督徒工人見那人一直不停地喝酒，就把他帶回家，陪他熬了一夜。第二天早上，待那人清醒之後，基督徒就和他談福音。很多人願意在酒徒清醒時與其交談，但很少有人願意在酒徒們不可自拔的狀態下去尋找他們，守著他們，直到他們理智清醒，能夠理解、接受救贖。

10. 第二天，他請店主*照應他*（第 35 節）。

11. *他拿出兩錢銀子來，交給主人*（第 35 節）。

12. 他說，*此外所費用的，我回來必還你*（第 35 節）。

基督的所有教導中，我想不出有比這個比喻更能體現福音的真諦。這真是一副完美的畫面，呈現了基督來到這個世界如何尋找和拯救失喪者。

1. 祂來到這個充滿罪惡和悲傷的世界，將祂的榮耀放下，降為卑微，這樣祂就可以取人的樣子，使自己和祂來拯救的人處同一地位。

2. 祂深入貧窮的和有需要的人之中，便可目睹其狀況。

3. 他看見眾人*就憐憫他們*（太 9：36）。這樣的記載有多少次在福音書中出現！我們不止一次被告知，當祂想到罪惡給人類帶來的所有愁煩和苦難時，祂流淚了。

4. 凡落到耶穌耳裡的痛苦的呼喊從來不會落空。無論在何處，耶穌基督只要聽說有人悲傷或需要幫助，祂就立即前往。

5. 有一次，祂打開先知的書，讀有關祂自己的故事。*主的靈在我身上，因為他用膏膏我，…差遣我醫好傷心的人*（路 4：18）。祂自己受了傷，好使罪在我們身上所造成的創傷得到包紮和醫治。

6. 祂不僅安慰憂傷的人，而且還應許將聖靈賜給祂救贖的子民，並帶來安慰和力量。

7. 就像好心的撒瑪利亞人讓受傷的人騎在自己的牲口上一樣，救主賜給我們祂的道，道中有永不落空的應許，能使我們在朝聖之旅中得安息。祂自己也應許一路上與我們同在。

8. 祂把我們帶到安息之處——安息在祂的愛中，安息在祂拯救的意願中，安息在祂保守我們的力量中。最後，祂會帶我們到永恆的安息之家。

9. 當祂在地上時，祂關心所有與祂的門徒有關的事。

10. 當祂升天時，祂派下一位保惠師，與組成基督教會的信徒們同在。

11. 祂給與教會支持和在恩典中成長所需的一切。*神的神能已將一切關乎生命和虔敬的事賜給我們，皆因我們認識那用自己榮耀和美德召我們的主*（彼後 1: 3）。

12. 祂將再來並獎勵祂僕人的忠心服事。

你想知道如何才能觸及到大眾嗎？去他們的家，聽其言，觸摸其感受。告訴他們，你來是為他們行善事，讓他們看到你有一顆和他們連結在一起的心。當他們發現你是真正關心他們時，他們心中所有反對神、反對基督教的污穢就會被掃除。無神論者也許會告訴他們，你只想得到他們的錢，並不真正關心他們的幸福。我們必須反駁這個謊言，用我們的生活——我們的榜樣——將謊言送回它爬出來的墳坑里。

若非我們親自去找他們，且證明真心愛他們，不然一切都是枉然。我們若有數以千計的基督徒，以善意和同情的態度去幫助人們解決他們的困難，就很容易觸及到成百上千的家庭。這就是人們渴望以求的。這個悲慘的世界正在呻吟和嘆息，以求人們的關愛。我非常確定，正是由於如此，基督在世上的一生觸摸著普通人的心。祂使自己成為他們之一。為了我們，祂從富有變為貧窮。祂出生在馬槽裡，以致把自己置於卑微中的卑微。

我認為，在這件事上，耶穌基督教給門徒們一門功課。祂要我們讓世人信祂是他們的朋友，然而，世人卻不信。世人若明白耶穌基督是罪人的朋友，很快就會蜂擁而來。我敢肯定，每一百個不在基督裡的人，有九十九個人認為，神非但不愛他們，甚至憎惡他們。倘若我們不去傳講福音，他們怎麼會知道自己錯了？他們不來我們的教堂，哪怕他們來了，在很多的教堂裡他們聽不到這樣的信息。

你認為，那些遊蕩在城市街道上的妓女若真的相信耶穌基督愛她們並想成為她們的朋友——如果祂親自來到這裡，非但不譴責她們，而且站在她們一邊，抬高她們——她們會繼續陷在罪中嗎？你認為，那可憐的酒鬼，在街上搖來晃去，真的相信基督是他的朋友並且愛他嗎？聖經清楚地教導說，即使基督恨惡罪，祂仍愛罪人。良善的撒瑪利亞人的故事就是為了教導我們這一課。讓我們傳揚基督愛罪人的好消息，祂來到世上是為了拯救罪人。

有個男人，住在某個大城市，突然去世了，沒過多久，他的妻子就跟著去世了。他們留下的兩個男孩子都成了孤兒。一個有錢人收養了其中的一個，因他看起來好像更有前途。另一個男孩則被安置在孤兒院。父母在世時，這孤兒院的男孩從未離開過他們，也從未與弟弟分開過。每天晚上，他都哭著要弟弟直到入睡。

一天晚上，孤兒院的人發現這男孩失踪了。第二天早上，他們在收養他弟弟的富有銀行家的房子的台階下找到了他。當他們問他，為什麼把一張舒適的床空著留在孤兒院，偏要在寒冷中整夜待在外面，他說："我想靠著查理近一點。"他知道，如果他按門鈴，他們見他在門口，就會把他送回孤兒院。緊挨著查理讓他感到安慰，即使他要在外面過夜。他年輕的心渴望得到同情，他知道查理愛他，世界上沒有人像查理那樣愛他。如果我們能讓淒慘、失落的靈魂確信有人愛他們，他們的心就會被感動。

南北戰爭期間，有個名叫弗蘭基•布拉格的小男孩被安置在一家醫院裡。小男孩說："呆在這裡，遠離所有愛我的人，簡直是太難了。"

照顧他的護士彎下腰吻了他，說："我愛你。"

"你愛我嗎？"他問。"那吻就像是我姐姐的。再吻我一次。"護士就又吻了他一下，他笑了。"當我知道有人愛我，我現在死都不難。"若我們對失落者和悲傷者有更多這樣的同情，世界很快就會感受到我們的影響力。

我們不能從那良善的撒瑪利亞人身上學到一門功課嗎？讓我們聽見主的呼聲，*你去照樣行吧*（路 10：37）。我們人人都能盡力。若我們接觸不到老年人，我們可以嘗試贏得年輕人。能被神使用，將一隻小羊帶進天國，是一種蒙福的權柄。哪怕我們僅僅是拯救一個孩子的器皿，我們的生命就不再是失敗。我們將聽到我主的讚聲：*好，你這善良又忠心的僕人*（太 25：23）。

兩年前，有一位女士在愛丁堡（Edinburgh）為病弱殘疾兒童開辦了一家醫院。我問她是否在工作中得到祝福。我永生不忘她那光采四溢的臉。她最近參加了我們在倫敦舉行的一次會議，當她講述一些非常有趣的孩子們皈依的故事時，她的臉上洋溢著笑容。領這些受苦的人進入神的國度是何等的榮幸。

一個六歲的小男孩從法夫（Fife）被送到愛丁堡。兒童醫院沒有房間，結果把他送到綜合醫院。他的父親死了，母親病得很重，無法照顧他。他進了醫院後，有一天，我的朋友喬治•威爾遜牧師（Rev. George Wilson）來探望這個小病人。他告訴小男孩，週四醫生會來鋸掉他的小腿。

你們當父母可以想像，假如是你六歲的孩子離開家，一個人呆在醫院裡，被告知說醫生哪天會來鋸掉他的腿，他肯定會驚慌失措。當然，這個消息讓這個小傢伙極度困擾。牧師想了解他母親在哪裡，結果得知她病了；而他的父親已經死了。牧師極力想安慰這個男孩。他說：“護士真是個好人。她會幫你的。”

“是的。”男孩點點頭。“也許耶穌會和我在一起。”毫無疑問，祂是和那孩子在一起。接下去的周五，神的僕人威爾遜牧師又去醫院探訪，發現男孩的床是空的。可憐的孩子已經離世。救主來了，接他去了天堂。

在我們的大城市中，不是有成千上萬的人需要同胞的關憐同情嗎？這種憐恤比滔滔不絕的佈道更能激起他們的心聲。許多人不會被動聽的講道所感動，但是會讓溫柔、慈善和同情所觸動。

偉大的托馬斯•查默斯博士[27]（Dr. Thomas Chalmers）說：

27 托馬斯•查默斯（Thomas Chalmers，1780 - 1847），蘇格蘭牧師、神學教授。

> 我在世上所見的、以及所知的人類歷史的微薄知識，教會我，對待世人的錯誤，要有悲而不憤的心態。當我帶著一顆曾犯罪和受苦的可憐的心，思想自己所經歷的掙扎和試探——短暫的喜悅，懺悔的淚水，軟弱的意念，鮮有愛的世界的蔑視，靈魂聖所的淒涼，內心的諸多恐嚇，健康消失，幸福泯滅——我很樂意將我同胞失落的靈魂放在主的手中。

你也許會問："我該如何去關懷同情那些悲哀的人？"這是一個非常重要的問題。許多人為神作工，僅僅把它當一種職業。我將告訴你如何使你感到憐憫和同情。一條被證明對我有很大幫助的規則，就是把自己放在你想要憐恤的、悲傷痛苦的人的位置上。如果你這樣做，很快就會獲得他們的友誼並能夠幫助他們。

幾年前，神給我上了一門我終身難忘的功課。那時，我是芝加哥一所主日學校的校長，學校有一千五百多名學生。那年七、八月份，有很多孩子不幸夭折，而且當時大部分的牧長們都出了城，我結果就得參加很多葬禮。有的時候，一天之內我要參加四到五次葬禮。漸漸的，我已經習以為常了，幾乎是機械般地去參加葬禮。見到母親最後一次看著孩子，看到棺材蓋合上，我能夠絲毫不為所動。

有一天，我回到家，我妻子告訴我，一個主日學的孩子落水淹死了，孩子的媽媽想要見我。我帶著我的小女兒去了那家。我發現，孩子的父親喝得酩酊大醉，躺在房間的角落。孩子的母親告訴我，為了自己和孩子的生活，她以洗衣服謀生，而她的丈夫則把他所有的工資都喝個精光。小阿德萊德

（Adelaide）常常去河邊收集漂浮的木頭用來生火。那天，她如往常一樣出門去河邊。她看到離岸不遠有一塊木頭，伸手去撈它的時候，不慎滑倒，結果掉進水里淹死了。母親告訴我她自己的傷心事——她沒有錢買裹屍布和棺材，她希望我幫助她。我拿出我的筆記本，記下她的姓名和地址，以及棺材的尺寸，以便送到殯儀館。

儘管可憐的母親傷心欲絕，但並沒有打動我。我告訴她，我會參加葬禮，然後我就告辭了。當我的小女兒走在我身邊時，她說：“爸爸，假設我們很窮，媽媽不得不洗衣服為生，我非得去河邊揀木頭生火。我要是掉進水里淹死了，你會難過嗎？”

“你說些什麼！難過？我不知道我會怎麼面對這個消息。你是我唯一的女兒，如果你從我身邊被奪走，我的心會破碎的。”我把她緊緊摟在胸前，吻了吻她。

“那你有沒有為那個母親感到心痛？”

這個問題如利刃般切入我心。我就回到那失去孩子的母親那裡，拿出我的聖經。我把《約翰福音》第十四章念給她聽，和她一起禱告，盡力安慰她。葬禮的那一天，我去參加了。我已經很多年沒有去墓地了，因為我覺得我的時間太寶貴了，況且墓地很遠。在那裡，我發現父親還是醉醺醺的。當我們正把棺材安放在墳墓裡時，又過來一個送葬隊伍，要把屍體安葬在附近。

當我們把棺材用土蓋上時，小阿德萊德的母親說：“慕迪先生。讓她安息在陌生人中間實在是太傷心了。我搬了很多次家，一直住在陌生人中間，從來沒有買過一塊私葬地。把我的頭生孩子葬在陌生人中間實在是太難接受了。”

我對自己說，把我的孩子埋在陌生人的地裡同樣是相當不好受。此時此刻，我已經對可憐的母親充滿了憐恤。

接下去的星期天，我告訴主日學的孩子們發生了什麼事。我建議主日學校買一塊地，若學校任何一位孩子去世，就不必埋在陌生人的墓地裡，可以安葬在我們自己的地裡。在我們拿到地契之前，有一位母親來，想知道她剛剛死去的小女孩是否可以被埋在這塊地裡。我當即同意了，還去參加了葬禮。當我們把小棺材放下到墓穴時，我問小女孩的名字。“艾瑪（Emma），”母親說。艾瑪，這也是我自己的小女孩的名字，當我想到，如果這是我自己的艾瑪，我的感情會怎樣時，我忍不住哭了起來。

不久之後，另有一位母親來，希望將她死去的孩子安葬在我們的墓地。那孩子的名字叫威利（Willie），當時，我唯一的兒子的名字也叫威利。我就在想，要是我的威利死了，我會是什麼感覺。這樣，最先埋在那裡的倆孩子的名字和我兩個孩子的名字一模一樣。當我試著把自己放在這些悲傷的母親的位置上，我就很容易體會到她們的傷痛，並且可以將她們指向那位主：*擦去他們一切眼淚的*（啟 21：4）。

大約九年前，我回到芝加哥，頭件事就是開車去看孩子們的墓地。我原以為那塊地需要很多年才能填滿，但它幾乎滿了。因為，我離開之後，很多年長的主日學校的學生都死了，他們的屍體在這片土地上安息，直到那偉大的一天（指耶穌基督再來的日子——譯者）。不過，我得知主日學的孩子們即將購買另一塊土地，比第一塊大，在一般情況下應該足夠多年。許多小孩將埋葬在那裡，等待復活。我也想葬在他們旁邊。當我們一同起來見主時，和他們在一起將是多麼甜蜜。

如果你想要完全體會到他人，就請將自己置於他們的位置。願神用好撒瑪利亞人的精神充滿我們的心，讓我們充滿溫柔、愛和同情心。

我想和你分享一句對我有很大幫助的格言。這是貴格會（Quaker）的名言：

> “我只希望穿越這個世界一次。因此，如果我能對任何同胞，呈獻任何良善，行任何善事，讓我現在就付諸於行動。讓我不要拖延、忽視，因為我不會再經過這條路了。”

第九章

“你們是世上的光。”（太5：14）

智慧人必發光，如同天上的光；那使多人歸義的，必發光如星，直到永永遠遠。（但 12：3）

這是但以理年老時的見證。在他同年代，生活在地球上的任何人，惟獨他有著最豐富、最深刻的經歷。當他還是個少年人時，他被擄到巴比倫。有些聖經學者認為，被擄時他還不到二十歲。當這個年輕的希伯來人被擄、囚禁時，要是有人說他的名會勝過當時所有的英雄偉人——這位年輕的奴隸將勝過任何一個國家的英雄統帥——恐怕沒有人會相信。五百年來，凡史書上有記載的，沒有一個人像他那樣光輝燦爛。他的名勝過尼布甲尼撒（Nebuchadnezzar）、伯沙撒（Belshazzar）、居魯士（Cyrus）、大流士（Darius），和當時所有的帝王將相。

我們不知道他何時歸正、認識真神，但我認為，我們有充分的理由相信是在先知耶利米的影響下發生的。很顯然，有一位真摯、敬畏神的人——非世俗的教師——給他留下了深刻的印象。不管如何，一定有人言傳身教，教導他如何來侍奉神。

今天，人們會談起工作領域的艱難。他們常說自己的職位如此如此不一般。想想但以理事工的場景。他不僅僅是個奴隸，而且還是一個憎恨希伯來人的民族的俘虜。語言陌生。周圍都是拜偶像的人。然而，他從初始就光芒四射。他從一開始就持守神的道，並貫穿整個人生。他將青春的甘露獻給神，忠心耿耿，直到走完他的朝聖之旅。

請注意，所有給世界留下深刻印記、最光輝的人，都是生活在黑暗時代的人。看看約瑟。他被以實瑪利人作為奴隸賣到埃及。然而，正如後來的但以理那樣，囚禁中他與神同在。而且自始至終，堅貞不渝。他不因為被賣到異國、置於拜偶像的人中間，而放棄信仰。他站穩了，神就和他一同站立。

看看摩西，他背棄埃及鍍金的宮殿，認同自己屬於那被鄙視、受壓迫的民族。如果說有人處在一個非常艱難的處境，那就非摩西莫屬。然而，他光芒四射，印證了對神忠心耿耿。

以利亞活著的日子比我們現在的日子要黑暗得多。整個民族都轉向崇拜偶像。亞哈王、王后、和整個宮廷都竭盡全力反對敬拜真神。然而，就在那黑暗和邪惡的日子裡，以利亞堅定不移，閃閃發光。如今，他的名字在歷史書頁上脫穎而出。

瞧瞧施洗約翰。我曾經渴望生活在那先知的時代，但現在已經放棄了這個想法。可以肯定，當一位先知出現在歷史舞台上，一切都是黑暗的，自稱是神的教會已經轉身為世界的神服務。施洗約翰出現時也是如此。然而，看看他的名字今天是如何的光亮。十八個世紀轉眼而去，這位曠野傳道者的名聲比以往任何時候都更加耀眼。在他活著的日子、世代，他被人輕看，但是，他的名勝過所有他的敵人。只要教會還在世上，他的名字就會被尊重，他的事工就會被銘記。

談到你的領域之艱難，回想一下保羅如何為神作光，成為第一個向外邦人廣傳福音的傳道人。他告訴外邦人，他所侍奉的神，為了拯救世界，差遣祂的獨生子殘酷地死去。人們恚恨保羅和他傳的教義。當他講被釘十字架的那一位時，他們就譏諷、嘲笑他。但他義無反顧、堅持傳講神兒子的福音。在他同時代的達官貴人眼裡，保羅不過是一個貧窮可憐的織帳篷工匠。然而，除非那些人碰巧和他有關，今天無人能記得任何迫害保羅的人的名字。

事實上，所有的人都喜歡成為亮點。我們還不如現在就承認這一點。在商界裡，人們拼命掙扎想爬上商業階梯的頂端。每個人都想超過自己的鄰居，在自己職業里居首位。在政界中，一直都是你爭我鬥誰是最偉大的人。即使在學校裡，你也會發現男孩子和女孩子之間的競爭。他們都想在班級裡名列前茅。當某個男孩子排位超過其他孩子時，母親會為此感到非常自豪。她想方設法告訴所有的鄰居，約翰尼的表現如何突出，得了多少獎品。

你跑去軍隊裡，你會發現同樣的現象——人人都想超過旁人。每個人都急著要勝過他的戰友，成為亮點。這些年輕人急於在比賽中領先對方。所有這些例子都在提醒我們，我們內心都有這種渴望。我們都喜歡比自己的同伴和同事更為閃耀。

然而，真正能在世上大放異彩的，卻是寥寥無幾。偶爾會有某個人超過他所有的競爭對手。每四年，我們國家都會有一場競選，確定誰將成為美國總統。競選爭鬥轟轟烈烈地持續六個月甚至一年。然而，惟有一人可以獲得桂冠。許多人力爭這個位子，大多數人都以失望告終，因為僅一個人能獲得夢寐以求的榮耀。但是，在神的國度裡，即使是最低微、最軟弱的人，只要願意，就可以發光。不僅一人 可以獲得獎賞，只要願意，*所有人*都可以得獎賞。

《但以理書》十二章3節，沒有說政治家們如同天上的光那樣閃耀。巴比倫的君臣均已作古。甚至連他們的名字都早已被遺忘了。經文說：*智慧人必發光，如同天上的光*。

也沒有說貴族會發光。地上的貴族很快就會被遺忘。約翰•班揚[28]（John Bunyan），貝德福德（Bedford）的補鍋匠，比他那個時代的所有貴族都活得更久。他們為自己而活，他們的記憶被抹去。班揚為神和靈魂而活，他的名留芳萬世。

經文沒有說商家會發光。誰能說出但以理時代的百萬富翁的名字？他們的名字在死後幾年就被徹底遺忘了。誰是當時強大的征服者？只有少數人知道。我們確實知道尼布甲尼撒，然而，如果不是因為他和先知但以理有關連，我們也許對他所知甚少。

然而，這位主忠心的先知的故事是何等不同！二十五個世紀過去了，他的名繼續光照著，愈來愈光輝燦爛。只要神的教會存在，他的名必繼續發光。*智慧人必發光，如同天上的光；那使多人歸義的，必發光如星，直到永永遠遠*（但 12：3）。

屬世的榮耀很快就消失了。七十五年前，偉大的拿破崙幾乎使大地顫抖。曾幾何時，他如同大地勇士一樣燃燒著光芒。幾年過後，曾經不可一世的征服者被流放關押在厄爾巴島（Island of Elba）。他死的時候，是一個可憐、心碎的囚犯。今天，他在哪裡？幾乎被遺忘。世界上有誰會說拿破崙仍然深情地活在他們心中？

28　約翰•班揚（John Bunyan，1628-1688）。英國基督教作家、佈道家，著有《天路歷程》。

但是，看看這位曾被鄙視、憎恨的希伯來先知。因他過於正直、虔誠，他們把他扔進獅子坑里。然而，對他的記憶，如今依然活著。他的名，因他對神的忠誠而倍受愛戴和尊崇。

十七年前，時值世博會，我人在巴黎。當時，拿破崙三世正處於飛黃騰達之時。當他駕車駛過巴黎的街道時，歡呼聲此起彼落。短短幾年後，他便從勢位至尊一落千丈。他被國家驅逐、剝奪王位，亡於流放。今天，他的名字在哪裡？鮮有人會想到他。如果提起他的名字，亦非因為愛和尊重。世界的榮耀和驕傲是如此空虛和短暫。我們若有智慧，就會為神和永恆而活。我們要擺脫自我，將世上的名譽榮耀漠然置之。

在《箴言》中讀到，*義人所結的果子，就是生命樹；有智慧的必能得人*（箴 11：30）。任何人，男男女女，小孩子，若以敬虔生活，並成為榜樣，能為神贏得一個靈魂，生命就非枉度一生。他們的生命將超越同時代的所有偉人，因為他們開啟了一條泉流，不斷地流淌，直到永恆。只要願意，一個孩童也可以在神的國度裡發光。

神讓我們在地上發光。在這裡，我們不是為了做生意買賣，積累財富，獲得地位。我們若是基督徒，地球就不是我們的家。我們的家是在天上，那裡有主同在。神差遣我們來到這個世界，為祂發光——照亮這個黑暗的世界。基督來，要成為世界的光，但世人滅掉了那光。他們把它帶到骷髏地，把它淬滅了。基督升天之前，對門徒說，*你們是世上的光*（太 5：14）。*你們是我的見證*（賽 43：10）。走出去，將福音傳遍地上那正在滅亡的各族各民。

神呼召我們發光，就像但以理被差派到巴比倫發光一樣。任何男的或女的都不能說，因為自己的影響力不如別人，而不能發光。神只要你發揮你所擁有的影響力。但以理起初在巴比倫也許也沒太大的影響力，但很快神就多多賜給他，因為他忠心並儘其所有。

記住，在非常黑暗的地方，僅一盞小燈都會起到很大作用。把一支小蠟燭放在一個大房間的中間，燭光就會照亮房間的很多地方。

在大草原地區（prairie regions），當會議是晚上在原木校舍裡舉行時，發出去的會議通知是這樣的："某某會議將在燭光下舉行。"來的第一個人，隨身帶著一條浸過牛油的布條來點燃。這也許就是他僅有的，但他把它帶來，放在桌子上。那火光未能照亮整個房子，但總比沒有的好。下一個來的人帶來他的蠟燭，接著來的家庭帶來他們的蠟燭。等到人坐滿了校舍，滿堂燭光融融。同樣，只要我們每人都發一點光，就如星星之火可以燎原。這就是神要我們做的。如果我們不能都成為燈塔，那麼至少都可以成為一根牛油蠟燭。

有時，一點點光會起很大的作用。芝加哥市起火，起因是一頭牛踹倒了一盞油燈，結果有十萬人失去房子和全部家當。[29] 不要讓撒旦利用你，讓你以為，因為你不能做偉大的事情你就什麼也做不了。

我們要讓我們的光發出來。經文沒有說，"你要作光"。你不必作光。你僅要做的就是讓光自然地發出來。

我記得曾聽說有個人在海上暈船暈得很厲害。若有人覺

29　慕迪在這裡指的是1871年的芝加哥大火。慕迪所在的教堂也在大火中付之一炬。據說，起火的原因是一 頭牛把一盞燈籠打翻了。參見維基百科。

得他無法為主做任何善工的時候——按我的觀點——此刻就是。正當這人暈船暈得厲害的時候，他聽說有人落到海裡去了。他考慮，他能做些什麼來幫忙救這個人。他躺著拿起一盞燈，把它舉到舷窗前。結果，溺水的人得救了。當這人暈船過後，他上甲板和那被救的人聊天。那得救的人作了這麼個見證。“我已經是第二次沉下去，當我伸出手求救時，可以說是最後一次下沉。就在這時，有人在舷窗邊舉了燈，那燈光落在我的手上。有個人抓住我的手，把我拉上了救生艇。”

看似一件小事——舉起一盞燈而已——但卻救了一條命。假如你不能作偉大的事情，你可以為一些貧窮、瀕死的醉漢舉起燈來，也許他們會被基督贏得，從毀滅中被拯救出來。讓我們將救恩的火炬帶入黑暗的家庭，向人們高舉基督為世界的救主。要觸及到正在走向滅亡的大眾，我們必須與他們同行，和他們一起祈禱，為他們辛勞。

如果有人自己得救，但不願意努力拯救他人，我認為他沒有基督精神。對那些陷在坑里的人——正是那我們被拯救出來的同一個坑，我們若不伸出手來營救，就是徹底地缺乏恩典。就像自己也是酒精的奴隸，曾被幫助一樣，誰能不伸出手來幫助那些酗酒的人？難道你今天不能出去，嘗試拯救這些人？如果我們人人都盡其所能，很快那些酒吧和小酒店就無人光顧了。

我記得讀到有個瞎子，坐在某個大城市的街角，身邊放著個燈籠。看到他眼睛失明，有人便問他為什麼要個燈籠，因為對瞎子來說，光和黑暗沒有區別。瞎子回答說，“我有了它，就免得有人被我絆倒。”

讓我們來思考一下這句話：哪裡有一人讀經，那裡更有百人誦讀著你和我。保羅講的就是這個意思，當他說，*你們就是我們的薦信，寫在我們的心裡，被眾人所知道所念誦的*（林後 3：2）。如果我們不以生命來傳講基督，在我看來，講道所能做的，實在是很微薄。我們若不以聖潔的言行把福音傳給人，就不會贏得他們歸向基督。比起長篇大論的講道，一點點的善意對人會產生更大的影響。

有一艘船在伊利湖（Lake Erie）遭遇風暴，船上的人試圖將船駛進克利夫蘭港 （Harbor of Cleveland）。在港口的入口處，有所謂的高燈和低燈作為導航燈。從遠處看，港口的斷崖上，高處的燈火熊熊燃燒。但是，當船靠近港口時，看不到顯示入口的低處導航燈光。領航員認為船最好還是返回湖中。船長說他確信，如果船返回湖中，一定會沉沒，結果他督促領航員盡其所能進入港口。領航員說，"進入港口的希望很小，因為我沒有任何東西能指引我把船開進去。"

不管怎樣，他們還是想盡了一切辦法要把船開進港口。船在海浪中上下起伏，最後，他們發現自己被困在海灘上，船被撞成了碎片。有人把低燈給徹底忘了，燈火早已熄滅。

讓我們把這個警示放在心裡。神將高處的燈火越燃越旺、光輝耀眼，但祂把我們留在地上，讓下面的燈繼續燃燒。我們的事工是在這裡代表祂，如基督在天父面前代表我們一樣。有時我想，假如我們在天上的法庭上的代表，像神在地球上的代表一樣差勁，我們進天堂的機會微乎其微。讓我們裝備自己，點亮燈火，以致其他人能看清道路，不在黑暗中絆倒。*所以要約束你們的心，謹慎自守，專心盼望耶穌基督顯現的時*

候所帶來給你們的恩。你們既做順命的兒女，就不要效法從前蒙昧無知的時候那放縱私慾的樣子。那召你們的既是聖潔，你們在一切所行的事上也要聖潔（彼前 1：13-15）。

談到燈塔，讓我回想起我聽過的一個故事，講的是明尼蘇達州有個人，幾年前遇上了一場駭人的暴風雪。該州遭到暴風雪的詛咒，冬季裡，暴風雪說來就來，一旦襲來，無人得以逃脫。大雪紛飛，風把雪吹到步行者的臉上，連前方兩英尺都看不清。很多人遭遇過這樣的風暴，結果死在草原上。

這個人被風暴逮著了，差點就要放棄生命。正當這時，他看到有個小木屋，屋裡發出微弱的燈光。他費勁地來到小木屋，那屋子成了暴風雪的安全港。現在，他成了有錢人。他一有能力，就買下了農場，在原小木屋的地方蓋了一座漂亮的房子。在房子的一個塔頂上，他安裝了一個旋轉燈。每天晚上，當暴風雪來臨時，他都會把燈點亮，希望藉此可以拯救別人。

這才是真正的感恩，正是神要我們所行的。神若拯救了我們，把我們從那可怕的死坑里拉出來，讓我們隨時觀察，看看是否有其他人落在坑里，需要我們幫助拯救。

有兩名男子，負責一座燈塔里的一盞旋轉導航燈。燈塔建在岩石磊磊、暴風雨交加的海岸邊上。有一天，不知何故機器出了毛病，燈不會轉了。他倆非常擔心海上的人會將這燈和其他的燈光搞混了，結果，倆人整夜用手來推動轉輪讓導航燈不斷地轉。

讓我們把燈放在合適的地方，這樣，世界才能看到在基督裡的生命不是虛假的，而是真實的。*你們的光也當這樣照在人前，叫他們看見你們的好行為，便將榮耀歸給你們在天上的父*

（太 5：16）。希臘體育運動中，有一項比賽，是男人們舉著火炬跑。他們在壇上點燃火炬，然後拿著火炬跑一定的距離。有的時候，他們騎著馬跑。假如一個人跑進場時他的火炬還燃著，就會得到獎品。如果他的火炬熄滅了，就得不到獎品。

有多少人到了晚年，就失去了亮光和喜樂。曾幾何時，他們在家庭、主日學、教會裡灼灼燃燒，光芒四射。但是，某些東西進到他們和神之間——世界或是自我——他們的光就熄滅了。你要是有這樣的經歷，我祈禱神幫助你回到救主愛的祭壇，再次點燃你的火炬，然後你就可以走出去，進到大街小巷，讓福音之光照亮那些黑暗的家庭。

如我所說，我們只要帶領一個靈魂歸向耶穌基督，就如產生出一股溪流，甚至在我們死後離開世界，這溪流仍然繼續奔流。高高的山腰上有一個小溪。它看起來如此之小，彷彿一頭牛一口氣就可以喝光。然後，它成了一個溪流，其他的溪流也跑進來。轉眼間，它成了一條大溪，然後成了一條寬闊的大河，直奔大海。它的沿岸是眾多的城市、鎮子和村莊，居住著成千上萬的人。兩岸處處植被茂盛、生機盎然，商貿沿著雄偉寬廣的河道通往遙遠的地方。

因此，如果你帶領一個人歸向基督，那人可能會帶領一百人，那一百人帶領一千人。所以，這條起初很小的溪流，隨著流向永恆，不斷地擴大和加深。

在《啟示錄》一書裡，我們讀到：*“從今以後，在主裡面而死的人有福了。”*聖靈說：*“是的，他們息了自己的勞苦，作工的果效也隨著他們。”*（啟 14：13）

在聖經中，我們讀到過許多人的名字，他們活瞭如此如此年，然後就死了。就這些人而言，搖籃和墳墓挨得很近。他們活著，然後死去，我們對他們的了解僅此而已。同樣如此，今天你可以在許多自稱是基督徒的墓碑上寫下，他們生在這天，卒於此日——中間卻如白紙一片空白。

但是，你卻無法埋葬善人的一樣東西：他的影響力將繼續活著。但以理的影響力沒能被埋葬。他的影響力，今天和以往一樣強大。你告訴我，約瑟死了嗎？他的影響仍然活著，並將繼續活著。你可以埋葬一個善人的軀體，但無法塗抹、除去他的影響和榜樣。保羅，從未像今天這樣強大。

你告訴我，探訪歐洲那麼多黑暗監獄的約翰•霍華德[30]（John Howard）已經死了嗎？亨利•馬丁[31]（Henry Martyn）、威廉•威爾伯福斯[32]（William Wilberforce）或約翰•班揚(John Bunyan）死了嗎？你到南部各州，在那裡會發現三到四百萬曾經是奴隸的男男女女。向他們任何一個人提起威爾伯福斯的名字，看看眼睛亮起來有多快。威爾伯福斯為自身以外的東西而活，他的記憶將永遠活在他曾為之生活和工作過的人的心中。

衛斯利（Wesley）或懷特菲爾德（Whitefield）死了嗎？這些偉大的福音佈道者的名字從來沒有像現在這樣受人尊敬。約翰•諾克斯（John Knox）死了嗎？今天你去蘇格蘭的任何地方，都會感受他的影響力。

我可以告訴你哪些人死了——這些神的僕人的敵人死了——那些迫害他們、對他們的名抹黑撒謊的人死了。但是，

30 約翰•霍華德（John Howard，1726-1790）。英國慈善家、監獄改革家。
31 亨利•馬丁（Henry Martyn，1781-1872）。英國聖公會牧師、傳教士。
32 威廉•威爾伯福斯（William Wilberforce，1759-1833）。英國慈善家、廢奴主義者。

這些偉人活得比所有攻擊他們的謊言都更久。不僅如此，他們還將在另一個世界閃耀。那古老的聖經說得又真又實：*智慧人必發光，如同天上的光；那使多人歸義的，必發光如星，直到永永遠遠*（但 12：3）。

讓我們繼續使更多的人轉為義。讓我們杜絕這個世界，它的謊言，它的情慾，它的野心。讓我們為神而活，不斷前行，為祂贏得靈魂。最後，讓我引用查爾默斯博士（Dr. Chalmers）的一段文字：

> 成千上萬的人呼吸、運動、生活，離開生命的舞台，之後就無人提起。為什麼？他們和世界上的善無緣，沒有人得到他們的祝福；沒有人能指出他們是使人得救贖的工具：他們的片言只語，無一是和救贖有關；就這樣，他們淬滅了：他們的光消失在黑暗中，如昨天的蟲豸，僅此記憶而已。哦，不朽的人那，你會如此度過一生？不要虛度一生。行善事，留下一座美德豐碑，時代的風暴永遠無法摧毀。將你的名字，以仁慈、愛和憐憫，寫在年復一年你所接觸的數千人的心中：你將永遠不會被遺忘。不！你的名字，你的事蹟，將清晰地銘刻在你身後那些人的心上，如夜晚眉間的星星一樣清晰可見。善行，如天上的星星一般，熠熠生輝。

有關作者

德懷特‧慕迪(Dwight L. Moody)，一心要發財致富，來到芝加哥經商賣鞋。然而，基督找到了他，他轉身把全部精力投入到福音的全職事工。如此美好的福音事工！今天，慕迪的名字依然為一座教堂、一個宣教使命、一所學院，及諸多的事工，帶來恩典和光彩。慕迪愛神愛人，其愛的力量之深廣，影響著一代接一代的人。

其他类似书籍

ANEKO PRESS

天路,慕迪

在基督里有生命。丰盛、喜乐、美好的生命。的确，主会管教祂所爱的人，我们也常常受到世界和魔鬼的试探。但是，如果我们知道如何跨越这种诱惑，来亲近耶稣基督的十字架，将眼目定睛在我们的主身上，那么，我们在地上和天上的奖赏，将比这个世界所能给的要好上百倍。

这本书写得很透彻。它生动地描绘了神的爱，剖析未得救之人灵魂的状态，解析耶稣基督在十字架上，为了我们的罪，做了什么。《天路》切实地审视了我们悔改和跟随耶稣的需要，并将希望带给我们，即那在天堂里永恒、喜乐的生命。

免费下载

慈声呼唤,司布真

这是和你,读者,心贴心的对话。在这里检验并一个个地解决了每一个借口,理由,和对你来就近耶稣可能的障碍。如果你觉得你这个人很糟糕,或者你也许真的很糟糕而且你公开或隐秘地在罪中,你将发现,基督里的生命也是为你的。你可以拒绝得救因着信的信息,或者你可以选择在宣告了对基督的信仰之后却仍然过一个罪中的生活,但是你却不能为了你或为了他人来改变这个真理本身。因此,你和你的家庭应当来拥抱这个真理,占有它,并真正在今日也在永恒中得自由。来吧,接受这个神白白赐予的礼物,为了他而过一个得胜的生活。

免费下载

得胜的生命,慕迪

你是一名得胜者?或者,你很容易被杂七杂八的罪所捆绑?更糟糕的是,你是否正偏离基督徒的成圣道路,但却拒绝承认并纠正?没有一个基督徒可以拒绝呼召成为得胜者。世上的代价微乎其微,而永恒的奖赏是无法估量的。

德怀特·慕迪(Dwight L. Moody)是发掘我们问题的大师。他擅长用故事和幽默来揭示,作为成功的基督徒,什么是其生活的基本原则。在得胜的方方面面,慕迪都是从实际的、容易理解的角度来解析。针对我们的问题,慕迪所提出的解决方案不是宗教、规则或其他外在的修正。相反,他把我们带到问题的核心,即我们的内心,并且将圣经、神所赐的救药来医治每个基督徒的生命。让我们做好准备,来迎接、拥抱今天的真正胜利和永恒的喜乐。

十誡,慕迪

現今的時代,十誡不是很合乎潮流。無神論者,對十誡嗤之以鼻,視為眼中釘。眾多的基督徒,也說十誡不合時宜。然而,德懷特•慕迪向我們挑戰,要我們仔細地審視一下十誡。十誡中,哪一誡,我們可以老老實實地說,不合時宜?十誡中,哪一誡,無論是當今還是永恆,我們可以不遵行而不食其果?

這本書,激勵你,以神的準則,來審度你的生活。神不會以我們做不到的事來為難我們,尤其當我們有耶穌基督為力量,以聖靈為引導。這本書,是對神最古老且家喻戶曉的話語,給以既激勵人心,又如飲甘露般的詮釋。

免费下载

www.ingramcontent.com/pod-product-compliance
Lightning Source LLC
Chambersburg PA
CBHW070145080526
44586CB00015B/1852
9781622459001